¡Hola, Amigos!

개정 즐기면서 배우는 스페인어

임효상 • 양승관 저

Shinasa

머리말

스페인어는 스페인과 중남미의 20개국의 공식언어이며 미국에서 제 1외국어로 사용하는 인구를 합치면 약 4억에 가까운 인구가 사용하고 있는 언어이다. 유럽에는 이미 정치적 경제적 통합이 이루어져 EU라는 하나의 블록이 형성되어 있다. 언어적인 측면에서 볼 때 스페인어는 이탈리아어, 프랑스어, 포르투갈어, 루마니어와 함께 로망스어에 속한다. 라틴어에서 파생된 언어들이라서 매우 유사한 면이 많이 있다. 1492년 콜럼버스가 신대륙을 발견한 이래 스페인의 중남미 식민화가 시작되어 약 4세기의 식민지배를 통하여 스페인어는 아메리카 토착민인 인디오들의 언어를 대신하게 되었고 현재 중남미 19개국의 공식언어로 사용되고 있다.

최근 몇 년간 한국에서의 스페인어 교육에 대한 관심은 조금씩 커져 왔으며 이에 따른 여러 종류의 교재도 많이 출판되었다. 본서는 기본적으로 스페인어 문법서라 할 수 있으나 궁극적으로는 문법지식의 습득 자체보다는 일상생활에서 사용되는 다양한 표현을 상황별로 공부함으로써 스페인어 구사능력을 증진시키는데 목적이 있다. 어휘 선택에 있어서 스페인에 국한하지 않고 중남미의 다양성을 조금이나마 반영되도록 노력하였다. 또한 각주를 통해서 스페인과 중남미의 문화적인 측면이나 격언 등 어휘에 대한 설명을 다루었다.

21세기의 키워드는 아마도 세계화(globalización)라고 할 수 있을 것이다. 지구촌이라는 말이 있듯이 세계는 그 어느 때보다 밀접한 관계로 서로 가까워지고 있으며, 중남미라는 대륙도 지리적으로는 우리와 너무 떨어져있지만 인터넷시대에 살고 있는 지금, 우리는 지리적 거리를 뛰어넘어 문화적 교류가 서서히 진행되고 있다는 사실을 알고 있으며 그 중요성이 점점 커진다는 사실을 깨달아야 할 것이다. 정치 · 경제적으로 이 지역의 중요성은 아무리 강조해도 지나치지 않을 것이다. 스페인은 물론 중남미의 다양한 문화를 이해하는데 기본적인 언어의 이해가 필수적이라는 점을 감안할 때 이 책이 약간의 도움이 되었으면 한다.

본서는 예비과(Unidad Preliminar)를 포함하여 총 16과로 되어있으며 예비과에서는 스페인어를 공부하는데 있어 기초라 할 수 있는 철자, 자음과 모음, 발음 등을 설명하였다. 제 1과부터 15과까지는 각과마다 특정한 주제 혹은 상황을 설정하여 다음과 같이 구성하였다. <Ideas básicas>에서는 공부하게 될 문법사항의 모델이 되는 문장들을 제시하였고 <Más conocimientos>에서는 자세한 문법 내용을 설명하였으며 <Expresiones>에서는 많이 사용되는 표현법이나 주제별 어휘 등을 다루었다. <Diálogo>에서는 앞에서 공부한 문법 내용이나 표현법이 실제 대화 중에 어떻게 사용되는지를 살펴보았고 <Ejercicios>를 통하여 공부한 내용을 복습할 수 있도록 하였다.

다시 한번 이 책의 수정판의 인쇄를 기꺼이 승낙해주신 신아사의 정 현결 사장님에게 감사의 뜻을 전합니다.

무자년 첫달

서천리 연구실에서

임효상 · 양승관

목 차 (Ídice)

Ídice

Unidad

Preliminar

스페인어의 철자
모음과 자음
음절분해
악센트의 위치

¡Hola, Amigos!

스페인어의 철자

스페인어 철자는 5개의 모음과 24개의 자음으로 구성되어 있다.

문 자	명 칭		문 자	명 칭	
A (a)	a	아	N (n)	ene	에네
B (b)	be	베	Ñ (ñ)	eñe	에녜
C (c)	ce	쎄	O (o)	o	오
Ch (ch)	che	체	P (p)	pe	뻬
D (d)	de	데	Q (q)	cu	꾸
E (e)	e	에	R (r)	ere	에레
F (f)	efe	에페	(rr)	erre	에르레
G (g)	ge	헤	S (s)	ese	에세
H (h)	hache	아체	T (t)	te	떼
I (i)	i	이	U (u)	u	우
J (j)	jota	호따	V (v)	uve	우베
K (k)	ka	까	W (w)	uve doble	우베 도블레
L (l)	ele	엘레	X (x)	equis	에끼스
Ll (ll)	elle	엘례	Y (y)	i griega	이 그리에가
M (m)	eme	에메	Z (z)	zeta	쎄따

(　)안은 소문자

모음과 자음(Vocales y consonantes)

1. 모음

1) 열린모음과 닫힌모음

스페인어의 모음은 a, e, i, o, u 다섯 개이며, 그 중에서 a, e, o는 열린모음이고, i, u는 닫힌모음이다.

2) 이중모음(Diptongos)

이중모음이란 하나의 같은 음절에서 발음되는 두 모음의 결합을 말한다. 이중모음은 열린모음+닫힌모음, 닫힌모음+열린모음, 닫힌모음+닫힌모음으로 구성된다. 모두 14개의 이중모음이 있다.

- 열린모음 + 닫힌모음: ai, au, ei, eu, oi, ou
  (aire, autor, reina, deuda, boina)
- 닫힌모음 + 열린모음: ia, ua, ie, ue, io, uo
  (piano, agua, cielo, puerta, idioma, cuota)
- 닫힌모음 + 닫힌모음: ui, iu
  (cuidado, ciudad)

도우미

두 모음 사이에 무성음 'h'가 끼여 있어도 2중모음으로 취급된다: ahu- mar. 이중모음들 중에서 어떤 단어들은 화자의 지역적, 사회적 상황 또는 발음을 천천히 또박또박 발음할 경우 두 음절로 발음될 수도 있다 (hiato 현상: 모음분리 현상): fluir/flu–ir, incluido/in–clu–ido, cruel/cru–el

3) 삼중모음(Triptongos)

삼중모음이란 하나의 같은 음절에서 발음되는 세 모음의 결합을 말한다. 삼중모음은 닫힌모음+열린모음+닫힌모음으로 구성되는데 열린모음이 음절의 중심이 된다: iai, iei, uai, uei (limpiáis, estudiáis, estudiéis, despreciéis, averiguáis, amortiguáis, buey, averigüéis)

2. 자음

모음 a, e, i, o, u를 제외한 나머지 문자들은 모두 자음이다.

발음(Pronunciación)

b [ㅂ]으로 발음한다.

bandera barco bebé beber
beso blusa bobo cambio

c a, o, u 앞에서, 자음 앞에서 그리고 음절과 단어의 마지막 위치에서 [ㄲ]으로 발음한다.

casa carta colegio Corea Cuba
cuchara clima clave acné acto
actor coñac almanac

e, i 앞에서 [ㅆ]으로 발음한다.

cebolla	ceniza	cero
cifra	cine	cigarrillo

※ ce, ci 와 'z+모음'의 발음은 스페인의 북부, 중부 그리고 동부지역에서 [θ] 발음하고, 스페인 남서부 지역, 카나리아 제도 그리고 중남미 대부분의 지역에서는 [s]로 발음한다.

ch 복합철자 ch는 고유의 음가를 가지고 있으며 [ㅊ]으로 발음한다. [ㅉ]과 [ㅊ] 사이의 발음이 나기도 한다.

chaleco	chica	chico	China
coche	mucho	noche	muchacho

d [ㄷ]으로 발음한다. 단어의 마지막에 위치할 경우에는 발음이 약해지게 되는 경우가 많다. 예를 들면, 스페인의 수도 Madrid를 발음할 경우 표기는 마드리드라고 하지만 발음할 때는 마드릳으로 하는 경우가 보통이다.

dedo	pared	ciudad	documento
cantidad	universidad		

f [ㅍ]과 [ㅎ] 사이의 발음이 난다.

foto	fogón	forastero
fondo	café	

g a, o, u 앞에서, 음절의 마지막 위치에서 그리고 다른 자음과 함께 결합하여 [ㄱ]으로 발음한다.

gasto	gato	gorila	gasolina
gota	tango	agua	guardia
digno	glacial	gritar	globo

e, i 앞에서 [ㅎ]으로 발음한다.

gemelo	general	gente	gigante
girar	girasol	gimnasia	

복합철자 gu도 e, i 앞에서 [ㄱ]으로 발음한다. u 위에 diéresis (¨)가 올 경우 (güe, güi)는 각각 '구에', '구이'로 발음한다.

guerra	guerrero	guerrilla
Guinea	guitarra	vergüenza
lingüística	ambigüedad	

h 발음되지 않는 무성음이다.

harina	hebreo	héroe	hombre	
hoy	hombro	ahora	humor	

j [ㅎ] 음을 강하게 발음한다.

jamón	jarra	jirafa	joven	joya
caja	cajero	mujer	naranja	reloj

k [ㄲ]으로 발음한다. 원래 스페인어에는 없는 문자로 외래어 표기에 사용한다.

kárate	kilómetro	kilogramo	kiwi
koala	Kremlín	kuwaití	

l [ㄹ]로 발음한다.

lámpara	libro	licenciado	loco
luna	luz	paloma	

ll 복합철자 ll는 고유의 음가를 가지고 있으며 lla [(리)야], lle [(리)예], lli [(리)이], llo [(리)요], llu [(리)유]로 발음한다.

valla	llave	calle	allí
caballo	castillo	lluvia	

※ 예로, calle의 경우 스페인 까스띠야(Castilla) 지방에서는 [깔리예] 또는 [까이예]로 발음한다. 현재 대부분의 스페인어 사용지역에서 [y]로 발음하는 yeísmo 현상이 일반적이다. 아르헨티나와 우루과이 등에서는 [ʃ]로 발음하기도 한다.

m [ㅁ]으로 발음한다.

maleta	mamá	mano	mozo
mucho	campo	imperio	

n [ㄴ]으로 발음한다. c, g, j, q 앞에 올 때는 [ŋ] 발음이 나오며, b, m, p, v 앞에 올 때는 [m] 발음이 나온다.

noche	antes	blanco	granja
húngaro	sangre	tanque	conmigo
un mazo	en pie	convoy	un vaso

ñ ña[냐], ñe[녜], ñi[니], ño[뇨], ñu[뉴]로 발음한다.

España mañana año niño pañuelo

p [ㅃ]으로 발음한다.

palabra papel pobre pulso

séptimo septiembre

※ ps-로 시작하는 단어의 첫 위치에서 발음되지 않는다.

psicología psicosis

q 항상 u와 함께 복합철자 qu를 형성하고 e, i와 함께 [께], [끼]로 발음한다. 이 경우에 u가 발음되지 않는다.

queso quizás aquí

ataque esquela máquina

r [ㄹ]로 발음한다. 모음 사이에서, 음절의 마지막에서 그리고 br, cr, dr, fr, gr, kr, pr, tr에서 단순 진동음으로 발음된다.

aro cara caro cercar

perla brazo cromo drama

fresa grande prado traje

단어의 처음 그리고 같은 음절에 속하지 않는 자음 뒤에서 복합 진동음 [r̃](r을 떨어주는 발음)으로 발음된다.

rosa regla rumor razón

honra rumrum israelita alrededor

접두어 ab-, sub-, post- 뒤의 r은 같은 음절이 아니며, 복합 진동음으로 발음한다.

abrogar subrayar postromántico

※ 복합 철자 rr는 복합 진동음으로 발음한다. 단어의 첫머리에 오는 경우가 없으며, 항상 모음 사이에 나타난다.

perro carro corro cerro

barra torre ferrocarril

s [ㅅ]보다 강하게 발음한다. 경우에 따라 [ㅆ]으로 발음된다.

sábado sobre sol soldado

sopa subir suceder casi

t [ㄸ]으로 발음한다.

taco	tango	tal	tarjeta	
techo	todo	tomate	tonto	toro

v [ㅂ]으로 발음한다.

vaca	vaso	verde	verano
veinte	vida	vino	vivir

w 외래어 기원의 단어를 표기할 때 사용한다. 독일어 기원의 단어는 [b]로 발음하고, 영어 기원의 단어들은 [u]로 발음한다.

wagneriano	washingtoniano	windsurfing
whisky	waterpolo	walking

※ 예외적으로 영어 기원의 waterpolo의 경우 w가 [b]로 발음되기도 한다. 스페인어에 완전히 병합된 단어들의 경우 w가 v 또는 b로 대체된다.

vagón vals vatio

x 모음 사이에서 또는 단어의 마지막 위치에서 [ks]/[gs]로 발음한다.

examen exhibir boxeo relax

단어의 첫머리에서는 [s] 발음이 흔하다. 음절의 끝에서는 지역에 따라 그리고 뒤따르는 자음에 따라 [s] 또는 [ks/gs]로 발음된다.

xenofobia	xerocopia	xilófono	
excelente	exportar	exterior	extranjero

※ 중세에 x는 무성 경구개 마찰음소(el fonema palatal sordo: [*dixo*]) 였으나, 16세기부터는 무성 연구개 마찰음 (el fricativo velar: [*dijo*])으로 진화되었고, 18세기에 x는 [ks]로 발음하기로 정했다. 16 세기의 잔재가 몇몇 지명과 성에 남아있다. 아스텍과 마야 기원의 이러한 단어들의 x는 [ㅎ]으로 발음한다.

México	mexicano	
Texas	texano	Oaxaca

y ya [야], ye [예], yi [이], yo [요], yu [유]로 발음한다.

yo yoyo ayer ayuda reyes yema

다음의 단어들은 모음의 음가 [i]를 가진다.

y rey hoy estoy muy

z [ㅆ] 발음으로 혀를 윗니와 아랫니 사이에 약간 내놓고 발음한다. 중남미 지역에서는 [ㅅ]으로 발음된다.

zapato　　Zaragoza　　zorro
zumo　　luz　　paz

음절분해(Silabeo)

음절이란 한 번에 발음할 수 있는 음을 말하는 것이다. 하나의 단어는 한 개의 음절 또는 여러 개의 음절로 구성될 수 있다. 하나의 단어를 음절 상으로 분해한다는 것은 발음의 정확성을 기하고 악센트의 소재를 밝히기 위해서 뿐만 아니라 한 개의 단어를 절단하여 다음 줄에 옮겨 쓸 때 등을 위해서 대단히 중요한 것이다. 음절의 중심은 모음이고 자음은 독립된 음절을 이룰 수 없다. 음절분해를 할 때 2중, 3중모음은 한 개의 모음으로 취급되어 분리되지 않는다. 2중자음(bl, br, cl, cr, dr, fl, fr, gl, gr, pl, pr, tr)도 한 개의 자음으로 간주되어 분리되지 않는다. 또한 복합철자(dígrafo)인 ch, ll, rr도 음절분해를 할 때 분리되지 않는다.

✿ 음절 분해 규칙

1) 모음과 모음 사이에 있는 한 개의 자음은 뒤의 음절에 붙는다.

cabeza : ca - be - za　　manera : ma - ne - ra
otro : o - tro　　ocho : o - cho

2) 모음과 모음 사이에 있는 두 개의 자음은 각각 앞뒤의 음절에 붙는다.

arma : ar - ma　　excelente : ex - ce - len - te
siempre : siem - pre　　complicado : com - pli - ca - do

3) s 직후에 자음이 오면 그 s는 앞의 음절에 붙는다.

constante : cons - tan - te　　obscuro : obs - cu - ro

4) 연속된 열린모음은 분리된다. 또한 이중모음이라 하더라도 닫힌모음 위에 악센트 부호가 있으면 분리된다.

leer : le - er　　nao : na - o　　tío : tí - o
oído : o - í - do　　aéreo : a - é - re - o
veo : ve - o　　teatro : te - a - tro

5) 접두어가 있는 단어는 접두어를 분리시킬 수도 있고, 음절분해 규칙을 따를 수도 있다.

bisabuelo : bis - a - bue - lo / bi - sa - bue - lo
desagradable : des - a - gra - da - ble / de - sa - gra - da - ble

악센트의 위치(Acentuación)

스페인어에 있어서 악센트의 비중은 대단히 크다고 할 수 있다. 부정확한 악센트는 전혀 다른 뜻의 말로 들려 이해하기 곤란하기 때문이다(예: hábito / habito / habitó). 음절의 중심이 모음에 있는 것과 마찬가지로 악센트의 위치도 항상 음절중의 모음에 있으며, 2중모음인 경우는 열린모음에, 연속된 닫힌모음의 경우는 뒷모음에 악센트가 오게 된다. 악센트가 있는 곳은 강하고 길게 발음해야 한다.

악센트 규칙 (Reglas de acentuación)

1) 모음과 자음 n, s로 끝나는 단어는 끝에서 두 번째 음절의 모음에 악센트가 있다.

casa ruido chimenea
orden jueves antiguo

2) n, s를 제외한 모든 자음으로 끝나는 단어는 맨 마지막 음절의 모음에 악센트가 있다.

pared ciudad hablar profesor

3) 위의 규칙적인 경우 이외의 불규칙한 악센트를 가지는 단어들은 암기할 수밖에 없다.

corazón rubí árbol huésped nación

도우미

1. i 위에 불규칙하게 악센트 부호가 올 때는 í로 표기해야 한다. 대문자의 경우에도 악센트가 불규칙하게 올 경우 악센트를 찍는다: África, BOGOTÁ, PERÚ. 단, 간판이나 제목의 경우 안 찍을 수도 있다.
2. 복합어도 악센트와 관련하여 한 단어처럼 간주한다:
   busca + pies buscapiés
   así + mismo asimismo
   décimo + séptimo decimoséptimo
   그러나 ~mente로 끝나는 부사는 일반 악센트 규칙의 예외에 해당한다. 이 유형의 부사는 형용사가 가졌던 위치에 그대로 악센트가 남는다:
   cortésmente fácilmente tímidamente plácidamente

Unidad 1. ¡Bienvenidos!

인칭대명사 주격
동사 ser 용법
성 · 수의 일치
소유형용사와 소유대명사
부정문과 의문문
의문사 dónde와 cuál

♣ 인사하기

¡Hola, Amigos!

Unidad 1. ¡Bienvenidos!

Ideas básicas

1. Yo soy Francisco.
   나는 프란씨스꼬입니다.
2. ¿Cuál es tu nombre?
   너의 이름은 무엇이니?
3. Mi nombre es Jacinto.
   내 이름은 하씬또야.
4. ¿Eres Javier?
   네가 하비에르니?
5. ¿De dónde son ustedes?
   당신들은 어디 출신입니까?
6. Somos de México.
   우리들은 멕시코 출신입니다.
7. ¿Son ellos de Argentina?
   그들은 아르헨티나 출신입니까?
8. No, ellos no son de Argentina.
   아니요, 그들은 아르헨티나 출신이 아닙니다.
9. Juan es estudiante.
   후안은 학생입니다.
10. El profesor es bueno.
    교수님은 마음씨가 좋습니다.
11. Francisco y María son guapos.
    프란씨스꼬와 마리아는 잘 생겼다.

Más conocimientos

1. 인칭대명사 주격

인칭 \ 수	단 수		복 수	
1	Yo	나	Nosotros(as)	우리들
2	Tú	너	Vosotros(as)	너희들
3	Él Ella Usted	그(남자) 그녀 당신	Ellos Ellas Ustedes	그들 그녀들 당신들

- 의미상 usted과 ustedes는 2인칭에 속하지만 문법적 기능상 3인칭에 속하므로 동사의 변화형은 3인칭에 준한다.
- usted과 ustedes는 각각 Ud. 혹은 Vd. 그리고 Uds. 혹은 Vds.의 약자를 쓸 수 있다. 약자로 쓸 때는 마침표를 찍는 것을 잊지 않는다.

도우미

- tú(vosotros)와 Ud.(Uds.)의 차이는 상대에 대한 예의를 지켜야 하는 정도차에 따라 사용한다. 그러나 여기서 말하는 예의는 나이나 신분의 고하에 따른 것이 아니라 자신과의 친밀감, 애정, 결속의 정도 차이이다. 우리가 생각하는 반말과 존대말의 차이와는 다르다. 부모와 자식간이라 하더라도 가족이라는 친밀감이 크므로 서로 tú를 사용한다. 종교상의 신인 하느님(스페인어를 모국어로 사용하는 원어민들의 대부분이 가톨릭을 믿는다.)에 대해 tú라는 대명사를 사용하고 있는데 이는 신이 예의를 갖추어야 하는 경외의 대상이기보다는 자신과 친밀하고 서로 애정을 느끼며 깊이 결속되어 있다는 생각 때문이다.
- 중남미에서는 vosotros를 사용하지 않고 tú의 복수형도 ustedes를 사용한다.

2. 동사 Ser 용법

- 동사 ser는 '~이다'라는 의미의 영어 to be에 해당하는 동사이다. 물론 to be에 해당하는 스페인어의 동사는 ser 외에 estar가 있으나 그 차이는 다음에 설명하기로 한다.
- 스페인어의 동사는 인칭과 수에 따라 각각 변화하며 규칙 변화하는 동사와 불규칙 변화하는 동사가 있다. ser 동사는 불규칙 변화 동사이며 다음과 같이 변화한다.

인칭 \ 수	단 수	복 수
1	soy	somos
2	eres	sois
3	es	son

- ser 동사는 명사, 형용사, 대명사를 보어로 취하여 주어의 본질을 나타낸다.

Carlos Santana es cantante. 까를로스 산따나는 가수이다.
Fernando es guapo. 페르난도는 잘 생겼다.

- 또한 전치사 de를 동반하여 출신을 나타낼 때 사용한다.

Rocío es de España. 로시오는 스페인 출신이다.

도우미

전치사 de는 영어의 of 혹은 의미에 따라 from에 해당한다. ser 동사와 같이 쓰일 경우 출신뿐 아니라 소유, 재료 등을 나타낸다.

La mesa es de Juana. 탁자는 후아나의 소유이다.(후아나의 것이다)
La mesa es de madera. 탁자는 나무로 되어있다.(목재이다)

3. 성 · 수의 일치

- 스페인어의 모든 명사는 성과 수의 구분이 있다. 즉 여성 명사와 남성 명사로 그리고 단수와 복수로 구분된다. 알반적으로 명사의 의미를 통해 성별을 알 수 있는 것은 자연적인 성을 따른다. 자음으로 끝나는 명사는 어미에 '-es'를, 모음으로 끝나는 명사는 어미에 '-s'를 붙여 복수형을 만든다. (명사의 성 · 수에 대한 자세한 설명은 2과를 참조하시오.)

el padre 아버지(남성, 단수) los padres 아버지들(남성, 복수)
la madre 어머니(여성, 단수) las madres 어머니들(여성, 복수)

아버지가 여성일 수 없고 어머니가 남성일 수는 없다. 그런데 '의사' 또는 '박사'라는 단어를 생각해보자. 남성 의사도 있을 수 있고 여성 의사도 있을 수 있다. 이 경우도 자연적인 성 구분의 범주에 들어가는데 확실히 구분되어 사용된다.

el doctor 남성 의사, 박사 los doctores 남성 의사들, 박사들
la doctora 여성 의사, 박사 las doctoras 여성 의사들, 박사들

자연적인 성을 갖지 않는 명사들도 문법적으로 성이 정해져 있다.

el libro 책 los libros 책들
la casa 집 las casas 집들

도우미

관사 용법에 관해서는 제 5과에서 자세히 다룰 것이며 여기에서는 성 · 수에 따른 정관사와 부정관사의 형태만 살펴보기로 한다.

정관사:

성 \ 수	단 수	복 수
남 성	el	los
여 성	la	las

부정관사:

성 \ 수	단 수	복 수
남 성	un	unos
여 성	una	unas

– 형용사의 경우도 마찬가지로 성 · 수의 변화를 한다.

guapo 잘 생긴(남성, 단수) guapos (남성, 복수)
guapa 잘 생긴(여성, 단수) guapas (여성, 복수)
bueno 좋은(남성, 단수) buenos (남성, 복수)
buena 좋은(여성, 단수) buenas (여성, 복수)

– 명사와 형용사를 사용함에 있어 성 · 수를 일치시켜야 한다.

Daniel es doctor. 다니엘은 의사(박사)이다.
Ellos son doctores. 그들은 의사들이다.
Lucía es doctora. 루시아는 의사이다.
Ellas son doctoras. 그녀들은 의사들이다.
Rafael es guapo. 라파엘은 잘 생겼다.(미남이다)
Ellos son guapos. 그들은 잘 생겼다.(미남들이다)
Diana es guapa. 디아나는 잘 생겼다.(미녀다)
Ellas son guapas. 그녀들은 잘 생겼다.(미녀들이다)

도우미

복수의 경우 남성과 여성이 같이 있을 경우는 남성형으로 쓴다. 여성형으로 사용하기 위해서는 반드시 전부 여성일 경우만 해당한다.

Lucía, Diana y Rafael son doctores. (두 명의 여성과 한 명의 남성 = 남성형)
Lucía, Diana y Carolina son doctoras. (세 명 모두 여성 = 여성형)
Lucía, Diana y Carolina son guapas.

인칭대명사 주격의 경우도 마찬가지이다. 한 명이라도 남성이 포함되어있을 경우 여성형인 nosotras, vosotras를 사용할 수 없다.

4. 소유 형용사와 소유 대명사

1) 소유 형용사

소유 형용사는 수식하는 명사의 앞에 오는 전치형과 뒤에 오는 후치형이 있다. 먼저, 전치형을 보자. nuestro와 vuestro는 성 · 수 일치가 있지만 그 외의 경우에는 수에만 일치시킨다.

✿ 소유 형용사 전치형

단 수		복 수	
mi	나의	mis	나의
tu	너의	tus	너의
su	그의, 그녀의, 당신의	sus	그의, 그녀의, 당신의
nuestro(a)	우리들의	nuestros(as)	우리들의
vuestro(a)	너희들의	vuestros(as)	너희들의
su	그의, 그녀의, 당신의, 그들의, 그녀들의, 당신들의	sus	그의, 그녀의, 당신의, 그들의, 그녀들의, 당신들의

mi coche	나의 자동차	mis coches	나의 자동차들
nuestro padre	우리들의 아버지	nuestros padres	우리들의 아버지들
nuestra madre	우리들의 어머니	nuestras madres	우리들의 어머니들
tu amigo[1]	너의 친구	tus amigos	너의 친구들
vuestro perro[2]	너희들의 개	vuestros perros	너희들의 개들
vuestra escuela	너희들의 학교	vuestras escuelas	너희들의 학교들

su foto　그의, 그녀의, 당신의, 그들의, 그녀들의, 당신들의 사진

sus fotos　그의, 그녀의, 당신의, 그들의, 그녀들의, 당신들의 사진들

---

1) amigo의 반대말은 enemigo라고 합니다, 한국사회의 큰 문제점을 지적한다고 하면 상대방에 대한 배려가 없다는 점입니다. 스페인어로 No critiques a tus enemigos, que a lo mejor aprendes.(적이라고 비판만 하지마라. 그들한테도 배울게 있다.)이라는 표현이 있습니다. 한번 생각해 볼만한 구절입니다.

2) hot dog를 스페인어로 어떻게 말할까요? 흥미롭게도 perrito caliente라고 합니다. perrito란 perro의 애칭형입니다. 스페인에서는 한국문화에 대한 왜곡이 좀 있습니다. 우리나라에서 여름철에 먹는 개고기 문화에 대한 이해가 되지 않는 편입니다. 프랑스에서도 말고기를 먹고 나름대로 음식 문화는 차이가 있습니다. 프랑스 문화에서 강조하는 포용(tolerancia)의 미학의 중요성이 나름대로 의미가 있다고 생각합니다.

✿ 소유 형용사 후치형

단 수		복 수	
mío(a)	나의	míos(as)	나의
tuyo(a)	너의	tuyos(as)	너의
suyo(a)	그의, 그녀의, 당신의	suyos(as)	그의, 그녀의, 당신의
nuestro(a)	우리들의	nuestros(as)	우리들의
vuestro(a)	너희들의	vuestros(as)	너희들의
suyo(a)	그의, 그녀의, 당신의, 그들의, 그녀들의, 당신들의	suyos(as)	그의, 그녀의, 당신의, 그들의, 그녀들의, 당신들의

후치형은 명사의 뒤에 위치시킨다. 다만 전치형을 쓸 때는 관사와 같이 쓰지 않으나 후치형을 쓸 때는 반드시 관사를 써 주어야 한다.

Él es un amigo mío. 그는 나의 친구이다.
La casa suya es muy grande. 그의 집은 아주 크다.

그러나 후치형은 관사없이 단독으로 ser 동사의 보어가 되는 경우도 있다.

El premio es mío. 그 상은 나의 것이다.

도우미

3인칭 단, 복수 형태인 su와 sus는 각각 6가지 의미를 가질수 있다. 의미의 혼동을 피하기 위해 전치사 de를 이용한 소유의 형태로 쓰면 의미가 명확해진다.

su llave: la llave de él / la llave de ellos
la llave de ella / la llave de ellas
la llave de Ud. / la llave de Uds.

sus manzanas: las manzanas de él / las manzanas de ellos
las manzanas de ella / las manzanas de ellas
las manzanas de Ud. / las manzanas de Uds.

2) 소유 대명사

소유 대명사는 정관사와 소유형용사의 후치형이 결합된 형태이다. 정관사와 소유 형용사는 그것이 대신하는 명사의 성과 수에 일치해야 한다.

단 수		복 수	
el mío/ la mía	나의 것	los míos/ las mías	나의 것들
el tuyo/ la tuya	너의 것	los tuyos/ las tuyas	너의 것들
el suyo/ la suya	그의, 그녀의, 당신의 것	los suyos/ las suyas	그의, 그녀의, 당신의 것들
el nuestro/ la nuestra	우리의 것	los nuestros/ las nuestras	우리의 것들
el vuestro/ la vuestra	너희들의 것	los vuestros/ las vuestras	너희들의 것들
el suyo/ la suya 그들의, 그녀들의, 당신들의 것		los suyos/ las suyas 그들의, 그녀들의, 당신들의 것들	

Mi casa es grande, pero la tuya es pequeña.
나의 집은 크지만 너의 집은 작다.

Ellos comen sus hamburguesas y ellas comen las suyas.
그들은 그들의 햄버거를 먹고 그녀들은 그녀들 것을 먹는다.

Nuestro perro es negro y el vuestro es blanco.
우리의 개는 까맣고 너희들 것은 하얗다.

5. 부정문과 의문문

1) 부정문 만들기

부정문을 만들기 위해서는 긍정문의 술부 제일 앞에 부정어 no를 놓는다.

Juan es estudiante. 후안은 학생이다.
Juan no es estudiante. 후안은 학생이 아니다.

도우미

이런 경우를 보자.

Yo te quiero. 나는 너를 사랑한다.
Yo no te quiero. 나는 너를 사랑하지 않는다.

이 문장은 목적격 대명사를 갖고 있는 문장이다. 이 경우 부정문을 만들기 위해서 부정사 no를 동사 앞이 아니라 목적격 대명사 앞에 놓아야한다.

2) 의문문 만들기

평서문을 의문문으로 만들기 위해서는 평서문의 주어와 동사의 위치를 바꾸어 놓거나 평서문의 형태 그대로 사용하되 대화의 경우는 의문문의 억양을 사용한다. 의문부호는 아래 예문에서와 같이 문장의 앞뒤에 붙여야한다.

¿Eres estudiante?	너는 학생이니?
Sí, soy estudiante.	그래, 나는 학생이야.
¿Es Ud. médico?	당신은 의사입니까?
Sí, soy médico.	네, 나는 의사입니다.
¿El profesor Martín es bueno?	마르띤 교수님은 좋은 분이시니?
No, no es bueno.	아니, 좋은 분이 아니셔.

도 우 미

평서문의 끝에 verdad, cierto, no 등을 붙여서 의문문을 만들기도 한다. 이는 영어의 부가 의문문의 형태로 이해하면 된다.

Isidro es profesor, ¿verdad?	이시드로는 교수님이지요, 그렇지요?
Margarita es guapa, ¿cierto?	마르가리따는 미인이지요, 그렇지요?
Él es tonto, ¿no?	그는 바보지요, 안 그래요?

6. 의문사 dónde와 cuál

– 의문문의 또 다른 형태는 의문사가 사용되는 경우이다. 의문사 dónde는 영어의 where로서 장소를 묻기 위한 것이다.

¿Dónde es la fiesta?	파티가 어디서 열리나요?
Es en la casa de Carlos.	카를로스 집에서 열립니다.

전치사를 동반할 경우 의문사의 앞에 붙인다.

¿De dónde es Ud.?	당신은 어디 출신이지요?
Soy de Corea.	나는 한국 출신입니다.

영어의 Where are you from?과는 차이가 있다.

- 의문사 cuál은 영어의 which에 해당하며 선택의 의미를 갖는다.

¿Cuál es tu nombre? 당신의 이름은 어느 것입니까?(무엇입니까?)

도우미

앞서 설명한데로 명사와 형용사는 성 · 수 변화에 신경을 써야한다. dónde는 의문 부사로만 쓰이므로 성 · 수 변화와 무관하며 cuál은 의문 대명사나 의문 형용사로 사용되고 성 변화는 하지 않으며 수 변화만 한다. Qué와 Cuál의 차이점은 아래의 예문을 비교해 보면 알 수 있다.

¿Cuáles son sus nombres?	당신들의 이름은 무엇입니까?
¿Qué es Juan?	후안은 무슨 일을 합니까? (직업을 물음)
Juan es abogado.	후안은 변호사입니다.
¿Cuál es Juan?	어느 분이 후안입니까? (어느 사람인지를 물음)
Juan es aquél.	후안은 저분입니다.

이름을 물을 때 다른 의문사를 사용할 수도 있으며 이는 나중에 설명하기로 한다.

Expresiones

Saludos(인사말)

몇 가지 인사말을 익히자. 영어와 비교하여 본다.

¡Hola! ¿Qué tal?	*Hi. What's up?*	안녕. 어떻게 지내?
Buenos días.	*Good morning.*	안녕.(아침인사)
Buenas tardes.	*Good afternoon.*	안녕.(오후인사)
Buenas noches.	*Good night.*	안녕.(저녁인사)
Adiós. Hasta pronto.	*Bye. See you soon.*	안녕. 곧 보자.
Hasta mañana.	*See you tomorrow.*	내일 보자.
Chao. Hasta luego.	*Bye. See you later.*	안녕. 나중에 보자.
Mucho gusto.	*Nice to meet you.*	반가워.
Encantado. / Encantada.	*Nice to meet you.*	반가워.
Bienvenido. / Bienvenida.	*Welcome.*	환영해.

도우미

스페인에서 Hola라는 인사는 아는 사람이든 모르는 사람이든 서로 마주치게 되면 가벼운 인사로 사용한다. 인사를 할 때 서로 가볍게 양 빰을 맞대며 입으로 '쪽' 소리를 낸다(dos besitos). 남자들 끼리는 대개 악수로 인사를 하지만 여자와 여자 그리고 남자와 여자사이에는 양 빰을 맞대며 인사를 한다.

Buenos días는 아침 인사로 점심 식사가 시작되는 2시경까지 사용하고, Buenas tardes는 오후 인사로 오후 2시경부터 저녁 8~9시경까지 사용하며, Buenas noches는 저녁 인사로 저녁 9시경 이후부터 잠자리에 들 때까지 사용한다.

Encantado는 화자의 성 · 수에 일치하고 Bienvenido는 청자의 성 · 수에 일치한다.

Diálogo

María	¡Hola! ¿Qué tal?
Francisco	¡Hola! Yo soy Francisco. ¿Cuál es tu nombre?
María	Mi nombre es María. ¿Eres de México?
Francisco	No. Soy de Panamá. ¿De dónde eres?
María	Soy de México. Encantada.
Francisco	Encantado.
Javier	Mucho gusto. Soy Javier, de España.
	Soy estudiante.
María	Soy profesora. ¡Bienvenidos!

Ejercicios

1. 다음은 스페인어판 일간지 El Globo의 구독 신청서이다. 빈칸을 알맞게 채워 신청서를 작성하시오.

Formulario de Suscripción EL GLOBO España
Nombre: ____________________
Apellido: ____________________
Dirección: ____________________________________
Ciudad: ________________ Código Postal: __________
País: ________________
Forma de Pago: Cheque( ) Tarjeta de Crédito( )
Firma: ________________

2. 다음의 A와 B의 각 표현을 연결하여 논리적인 대화를 만드시오.

A		B
1) ¡Hola! ¿Cuál es tu nombre?	( )	a. ¡Ah! Eres de Corea.
2) ¿De dónde es Ud.?	( )	b. Encantado.
3) Soy de Seúl.	( )	c. Hasta luego.
4) Mucho gusto. Soy Teresa.	( )	d. Soy Diego.
5) Hasta pronto.	( )	e. Soy de España.

3. 다음 문장에서 잘못된 곳을 찾아 바르게 고치시오.
 1) Ud. eres de España.
 2) Mi madre es doctor.
 3) Tus padres son profesoras.
 4) Ellos son guapas.
 5) No Juan es estudiante.
 6) Su libros son buenos.

ESPAÑA
COMUNIDADES

1. ANDALUCÍA: capital, Sevilla.
2. EXTREMADURA: capital, Mérida.
3. CASTILLA Y LEÓN: capital, Valladolid.
4. GALICIA: capital, Santiago de Compostela.
5. PRINCIPADO DE ASTURIAS: capital, Oviedo.
6. CANTABRIA: capital, Santander.
7. PAÍS VASCO: capital, Vitoria.
8. NAVARRA: capital, Pamplona.
9. LA RIOJA: capital, Logroño.
10. ARAGÓN: capital, Zaragoza.
11. CATALUÑA: capital, Barcelona.
12. COMUNIDAD VALENCIANA: capital, Valencia
13. REGIÓN DE MURCIA: capital, Murcia.
14. ISLAS BALEARES: capital, Palma de Mallorca.
15. ISLAS CANARIAS: capitales, Las Palmas de Gran Canaria y Santa Cruz de Tenerife.
16. CASTILLA-LA MANCHA: capital, Toledo.
17. MADRID: capital, Madrid. (**Capital de España**.)

Unidad 2.

En la universidad

규칙동사 제 1, 2변화 직설법 현재

동사 ir와 hacer

의문사 qué와 cuánto

명사의 성

명사의 수

형용사의 위치

접속사 y와 o

숫자(0-20)

♣ ¿Te gusta? 좋아하니?

♣ Las asignaturas 과목명

Hola, Amigos!

Unidad 2. En la universidad

Ideas básicas

1. ¿Qué estudias, Daniel?
   다니엘, 너는 무엇을 공부하니?
2. Estudio economía y sociología.
   나는 경제학과 사회학을 공부해.
3. Diego estudia geografía e historia.
   디에고는 지리와 역사를 공부합니다.
4. ¿A dónde van Uds.?
   당신들은 어디에 가시나요?
5. Vamos a la universidad.
   우리는 학교(대학교)에 갑니다.
6. Es un buen estudiante.
   그는 훌륭한(좋은) 학생이다.
7. Es una persona muy buena.
   그는 매우 좋은 사람이다.
8. ¿Cuántas asignaturas toman?
   몇 과목을 수강하나요?
9. Tomamos cinco asignaturas.
   우리는 다섯 과목을 수강합니다.
10. Es una universidad grande.
    큰 대학이군요.
11. ¿Qué carrera haces?
    너는 무엇을 전공하니?
12. Soy estudiante de química.
    저는 화학과 학생입니다.

Más conocimientos

1. 규칙동사 제 1, 2변화 직설법 현재

스페인어의 모든 동사는 단 하나의 예외 없이 ~ar, ~er, ~ir로 끝난다. 규칙 동사인 경우 이 어미에 따라 변화하는 형태가 동일하여 편의상 순서대로 제 1변화, 2변화, 3변화 동사라 칭한다. 본 장에서는 제 1, 2변화 동사 즉 ~ar와 ~er로 끝나는 동사의 규칙변화를 공부해보자.

✿ hablar(말하다)의 직설법 현재 변화

인칭 \ 수	단 수	복 수
1	hablo	hablamos
2	hablas	habláis
3	habla	hablan

※ 직설법이란 단순히 있는 사실을 객관적으로 서술하는 어법을 말한다. 이외에도 스페인어에는 접속법과 명령법이 있다.

다음 동사들은 hablar와 같이 제 1변화 규칙동사들이다.

estudiar	공부하다	cantar	노래하다
comprar	사다	preguntar	질문하다
preparar	준비하다	tomar	취하다, 갖다
desear	원하다	visitar	방문하다
caminar	걷다	contestar	대답하다
trabajar	일하다	llamar	부르다

¿Estudias español? 너는 스페인어를 공부하니?
Sí, estudio español. 예, 저는 스페인어를 공부합니다.

✿ comer(먹다)의 직설법 현재 변화

인칭 \ 수	단 수	복 수
1	como	comemos
2	comes	coméis
3	come	comen

다음의 동사들은 comer와 같이 제 2변화 규칙동사들이다.

aprender	배우다	beber	마시다
comprender	이해하다	deber	의무를 갖다
vender	팔다		

¿Aprendes inglés? 너는 영어를 배우니?
No, aprendo español. 아니오, 나는 스페인어를 배웁니다.

2. 동사 ir와 hacer

1) ir는 '가다'라는 뜻의 불규칙 동사로서 다음과 같이 변화한다.

인칭 \ 수	단 수	복 수
1	voy	vamos
2	vas	vais
3	va	van

– 동사의 의미상 '~에 가다'라는 표현을 할 경우 영어의 to에 해당하는 방향을 나타내는 전치사 a와 같이 쓰인다.

Vamos a la escuela. 우리는 학교에 간다.
Uds. van a Madrid. 당신들은 마드리드로 간다.

2) hacer는 '하다'의 의미를 가지며 1인칭 단수에서 어간 c가 g로 바뀌는 불규칙 변화 동사이다.

인칭 \ 수	단 수	복 수
1	hago	hacemos
2	haces	hacéis
3	hace	hacen

Tú haces tu trabajo. 너는 너의 일을 한다.
Yo hago carrera de ingeniería. 나는 공학을 전공한다.

도우미

- 의문사 dónde와 전치사 a.
의문사 dónde는 1과에서 의문부사임을 설명하였다. 그러므로 '어디에 가느냐'라는 질문을 할 때 ¿Dónde vas?라고 하면 되겠다. 그러나 스페인어에서는 방향의 전치사 a와 같이 사용하여 ¿A dónde vas?라고 많이 쓴다.

- ir 동사의 또 다른 용법
ir+a+동사 원형(infinitivo)의 형태로 사용하여 미래를 나타낸다.

Voy a comprar ropa. 나는 옷을 살 것이다.
Carolina va a estudiar mucho. 까롤리나는 공부를 열심히 할 것이다.

3. 의문사 qué와 cuánto

- qué는 영어의 what에 해당하는 '무엇' 혹은 '무슨'이라는 의미로 의문대명사와 의문형용사로 사용된다. 성 · 수 변화는 하지 않는다.

¿Qué preguntan ellos? 그들은 무엇을 묻는 거니?
¿Qué idioma hablan ellos? 그들은 무슨 언어를 말합니까?
(어느 나라말을 합니까?)

- cuánto는 영어의 how many 혹은 how much에 해당하는 수와 양을 묻기 위한 의문대명사와 의문형용사로 사용된다. 성 · 수 변화를 한다.

¿Cuánto es? 얼마입니까?
¿Cuántos hombres van? 몇 명의 남자들이 갑니까?
¿Cuántas mujeres van? 몇 명의 여자들이 갑니까?

4. 명사의 성

– 모든 명사는 성의 구별이 있고 자연적인 성을 따르되 자연적인 성의 구분이 불가능한 명사도 문법적으로 성이 정해져 있다. 남성형과 여성형의 형태를 비교해 보면 다음과 같이 분류할 수 있다.

1) 자연적인 성

a. ~o로 끝나는 남성 명사는 여성 명사가 ~a의 형태를 취하는 경우가 많다.

남성	여성	
niño	niña	어린이
maestro	maestra	선생님
amigo	amiga	친구
portero	portera	문지기

b. 남성형이 자음으로 끝나는 경우 여성형은 어미 ~a가 첨가된 형태가 많다.

남성	여성	
profesor	profesora	교수
doctor	doctora	의사, 박사
español	española	스페인 사람
león	leona	사자

c. 다음 단어들은 남, 여성의 형태가 전혀 다른 명사들이다.

남성		여성	
hombre	남자	mujer	여자
padre	아버지	madre	어머니
toro	황소	vaca	암소
tigre	숫 호랑이	tigresa	암 호랑이

d. 남, 여성이 같은 형태를 취하는 명사들도 있다. 이 경우 관사로 남, 여성을 구분한다.

el/la cantante	가수	el/la deportista	운동 선수
el/la estudiante	학생	el/la pianista	피아니스트
el/la futbolista	축구선수	el/la testigo	증인

도 우 미

지금까지 여성들이 활동하지 않았던 영역에 여성의 진출이 나타나면서 언어에서도 변화가 나타나기 시작했다. 영국의 마가렛 대처 여사처럼 여성 수상, 여성 대통령이 취임한 이후로 la primera ministra, la presidenta라는 표현이 자연스럽게 허용되었다. 이는 언어라는 것이 사회 현실의 반영이라는 것을 알게 해주는 부분이다. 그러나 모델의 경우 여성이 많이 참여하고 있지만 la modela라는 표현은 아직 허용되지 않으며 modelo 단어에 관사 el/la만 붙이는 남녀 동일 형태로 쓰이고 있다. 하지만 사회의 요구에 따라서 언어도 변화하는 법인지라 언젠가 la modela가 허용될 날이 올지도 모른다.

2) 문법적인 성

a. ~o로 끝나는 명사는 대부분 남성이며 ~a로 끝나는 명사는 대부분 여성이다.

남성	libro	책	ejemplo	예
	trabajo	일	ojo	눈(신체)[3]
여성	fiesta	축제	iglesia	교회
	puerta	문	mesa	탁자

다음은 예외의 경우이다.

남성	día	날, 낮	mapa	지도
	idioma	언어	tema	주제
	clima	기후		
여성	foto	사진	mano	손
	moto	오토바이	radio	라디오

b. ~ción, ~sión, ~tión, ~xión 등으로 끝나는 명사는 여성인 경우가 많다.

(la) atención	주의	(la) ocasión	기회
(la) cuestión	문제	(la) conexión	연결

3) 영어로 'Out of sight, out of mind'라는 표현이 있습니다. 사랑하는 사람이라도 떨어져 있다보면 마음이 좀 멀어지게 된다고 합니다. 스페인어로 Ojos que no ven, corazón que no siente.라고 합니다. 신체의 일부분인 ojo는 주의하라는 뜻으로 ¡Ojo!라고도 쓰입니다.

c. 형태는 같으나 성별에 따라 의미가 다르게 사용되는 명사들도 있다.

	남성	여성
capital	자본	수도
orden	질서	명령
cometa	혜성(별)	연

5. 명사의 수

단수 형태의 명사를 복수형으로 만드는 방법은 다음과 같다.

– 자음으로 끝나는 명사는 어미에 ~es를, 모음으로 끝나는 명사는 어미에 ~s를 붙여 복수형을 만든다.

단수	복수	
papel	papeles	종이
pared	paredes[4)]	벽
misión	misiones	임무
rosa	rosas	장미
cuaderno	cuadernos	공책
coche	coches	자동차

단, 모음으로 끝나더라도 그 모음이 불규칙 악센트를 갖는 경우는 bambú–bambúes(대나무), jabalí–jabalíes(멧돼지)처럼 es를 붙여 복수를 만든다. 그러나 papá–papás(아빠), mamá–mamás(엄마), café–cafés(커피)는 예외적으로 ~s만 붙여서 복수형을 만든다.

자음 z로 끝나는 단어는 luz–luces(빛)처럼 z를 c로 바꾸어서 ~es를 붙이고, c로 끝나는 단어는 frac–fraques(연미복)처럼 c를 qu로 바꾸고 es 붙인다.

– 다음과 같이 단, 복수 동일형의 명사도 있다. 이 경우 관사로 단, 복수형을 구분한다.

el/los paraguas	우산	el/los cumpleaños	생일
el/los abrebotellas	병따개	el/los lunes	월요일

4) 언제나 입조심하는 것이 최고라고 한다. 물론 필요한 말은 해야 하지만. 스페인어로 Las paredes oyen.이란 말이 있다. 낮말은 새가 듣고 밤말은 쥐가 듣는다고 하지 않는가. 벽에도 귀가 있다는 뜻이다.

– 항상 복수형으로 사용하는 명사도 있다.

gafas	안경	guantes	장갑
pantalones	바지	zapatos	구두

도우미

단수명사가 복수가 되면서 악센트 위치에 주의를 요하는 단어들이 있다. 이는 단수에서 복수가 될 때 음절의 수가 변하기 때문이다.

단수	복수
estación	estaciones 계절, 역
nación	naciones 국가
joven	jóvenes 젊은이
orden	órdenes 질서, 명령

다음 단어들은 음절수의 변화와는 상관없이 단수에서 복수가 될 때 예외적으로 악센트 위치가 변한다.

régimen	regímenes 체제
carácter	caracteres 성격

6. 형용사의 위치

– 대체적으로 명사의 성질이나 상태를 제한하는 품질 형용사는 명사 뒤에 위치하나 명사 자체가 가지고 있는 속성을 나타내는 경우는 앞에 위치한다.

mujeres lindas	아름다운 여자들	mujeres feas	못 생긴 여자들
dulce miel	달콤한 꿀	blanca nieve	하얀 눈

– 어떤 형용사들은 명사의 앞, 뒤 전부 위치할 수 있으나 위치에 따라 그 의미가 달라진다.

hombre pobre	가난한 사람	pobre hombre	가련한 사람
casa nueva	새로 지은 집	nueva casa	새로 이사한 집

– 다음의 형용사는 남성 단수 앞에서 '~o'가 탈락한다.

bueno: buen hombre	가난한 사람
malo: mal hombre	나쁜 남자

primero: primer hijo 첫 아들
tercero: tercer hijo 셋째 아들
alguno: algún día 어느 날
ninguno: ningún hombre 그 어떤사람(도…아니다).

※ 남성 단수명사 앞에서 alguno와 ninguno의 ~o가 탈락될 때 불규칙 악센트를 갖게 됨을 주의한다.

도우미

- Santo라는 형용사는 남성명사 앞에서 어미 to가 탈락(apócope)한다.
  santo: San Francisco 성 프란시스코 San Juan 성 후안
  (예외) Santo Domingo 성 도밍고 Santo Tomás 성 토마스

- grande라는 형용사는 남성, 여성 단수명사 앞에서 어미 de가 탈락한다.
  grande: gran éxito 위대한 성과 gran mujer 위대한 여자

- grande는 명사 앞뒤에 전부 위치하나 의미가 달라지는 형용사들 중 하나이다.
  hombre grande 몸집이 큰 남자 gran hombre 위대한 남자

7. 접속사 y와 o

1) y는 영어의 and에 해당하는 '그리고, ~과(와)'라는 의미의 접속사이다.

Carlos toma café y pan. 까를로스는 커피와 빵을 먹는다.
Isidro y Luz van a la piscina. 이시드로와 루스는 수영장에 간다.

- i 혹은 hi로 시작되는 단어 앞에서는 발음상의 혼동을 피하기 위해 e로 바꾸어 쓴다. 그러나 hie로 시작되는 단어나 문두에서는 바꾸지 않는다.

Felipe e Inés 펠리뻬와 이네스
Padre e hijo 아버지와 아들
ciencia e historia 과학과 역사
tigre y hiena 호랑이와 하이에나
flores y hierba 꽃들과 풀
¿Y Ignacio va también? 그리고 이그나시오도 갑니까?

2) o는 영어의 or에 해당하는 '또는, 혹은'이라는 의미의 접속사이다. 역시 발음상의 이유로 o 또는 ho로 시작되는 단어 앞에서는 u로 바꾸어 쓴다.

¿Hablas inglés o español?
영어를 말할줄 아시나요 아니면 스페인어를 말할줄 아시나요?

tigre u oso 호랑이 또는 곰
mosquito u hormiga 모기 혹은 개미
uno u otro 어느 하나의
siete u ocho 일곱 혹은 여덟

8. 숫자(0~20)

수는 기수와 서수로 구별되며 본 장에서는 0에서 20까지 기수를 익혀보자.

0 cero	1 uno	2 dos	3 tres
4 cuatro	5 cinco	6 seis	7 siete
8 ocho	9 nueve	10 diez	11 once
12 doce	13 trece	14 catorce	15 quince
16 dieciséis	17 diecisiete	18 dieciocho	19 diecinueve
20 veinte			

숫자 15까지는 무조건 암기해야 한다. 16~19는 십 단위에 접속사 y로 단 단위를 연결한 형태라고 생각하면 된다: 예) 16 diez y seis. 그러나 이 형태보다 위 도표에서처럼 한 단어로 축약된 형태를 보통 사용한다. 이때 단 단위의 악센트 위치를 유지하기 위해 악센트 부호를 찍어주어야 하는 경우가 있다: dieciséis.

형용사적으로 사용될 때는 명사 앞에 위치하며 uno는 남성 단수 앞에서 어미 ~o가 탈락하고 여성 명사 앞에서는 ~a로 변한다.

cinco libros[5] 다섯 권의 책
tres estudiantes 세 명의 학생
un cuaderno 한 권의 공책
una materia 한 과목

5) 요즘 우리 주변에 보면 스페인어로 된 광고나 상표가 많이 보입니다. 책을 파는 서점에 LIBRO가 쓰인 곳을 볼 수가 있습니다. 스페인어로 무엇을 파는 곳을 나타낼 때 -ría라는 접미어를 합치면 됩니다. libro-librería, fruta-frutería, zapato-zapatería 등의 예를 볼 수 있습니다. quesería는 무엇일까요? queso(치즈)를 파는 곳입니다.

Expresiones

1) ¿Te gusta? (좋아하니?)

'~을 좋아하다'라는 표현은 동사 gustar를 사용하는데 주어+동사+목적어의 일반적 형태와는 그 사용법이 전혀 다르다. 다시 말해서 '나는 책을 좋아한다'라는 표현을 'Yo gusto libros'라고 하지 않고 Me gustan los libros라고 표현한다. 문법적인 설명은 10과에서 보기로 하고 우선 다음과 같이 표현방법을 익혀두자.

me gusta(n) 나는 좋아한다	nos gusta(n)우리는 좋아한다
te gusta(n) 너는 좋아한다	os gusta(n) 너희는 좋아한다
le gusta(n) 그, 그녀, 당신은 좋아한다	les gusta(n) 그들, 그녀들 당신들은 좋아한다

이 표에서 알 수 있듯이 동사 gustar는 좋아하는 주체에 따라 변화를 하지 않고 그 대상의 수에 따른 단, 복수 변화를 한다.

Me gusta la historia. 나는 역사를 좋아한다.(단수)
Me gustan las ciencias. 나는 과학을 좋아한다.(복수)
¿Te gusta la biología? 너는 생물학을 좋아하니?
¿Te gustan los animales? 너는 동물들을 좋아하니?

3인칭의 경우 '그, 그녀, 당신' 모두 동일한 형태를 취하므로 분명히 할 필요가 있을 때는 "전치사 a + 인칭대명사 전치격"의 형태를 사용하며 그 위치는 문두 혹은 gustar 동사 뒤에 쓸 수 있다(전치격에 대해서는 4과를 참조하시오).

A Ud. le gusta el vino. 당신은 포도주를 좋아합니다.
A Ud. le gustan las uvas. 당신은 포도(복수)를 좋아합니다.
Les gusta a Uds. la ingeniería. 당신들은 공학을 좋아합니다.
Les gustan a Uds. las máquinas. 당신들은 기계들을 좋아합니다.
A ella le gusta la computadora(= el ordenador).
그녀는 컴퓨터를 좋아한다.
A ellos les gusta la bicicleta. 그들은 자전거를 좋아한다.
A él le gustan las ciencias sociales. 그는 사회 과학을 좋아한다.

이를 응용하여 '후안은 문학을 좋아한다'라는 표현을 해보자.

A Juan le gusta la literatura.

'후안과 펠리뻬는 문학을 좋아한다'라는 표현도 해보자.

A Juan y a Felipe les gusta la literatura.

그럼 '너는 무엇을 좋아하니?' '너는 무슨 과목을 좋아하니?'라는 질문은 어떻게 해야할까? 쉬운 표현이다.

¿Qué te gusta?
¿Qué asignatura te gusta?

2) Las asignaturas (과목)

과목을 말할 때 asignatura 혹은 materia라는 단어를 쓴다.

Grupo A: Las ciencias naturales 자연과학

la astronomía 천문학 | la biología 생물학
la física 물리학 | la química 화학
la ingeniería 공학

Grupo B: Las ciencias sociales 사회과학

la antropología 인류학 | las ciencias políticas 정치학
la economía 경제학 | la psicología 심리학
la sociología 사회학

Grupo C: Las ciencias humanas (las humanidades) 인문과학

la filosofía 철학 | la literatura 문학
la historia 역사(사학) | la geografía 지리(학)
las lenguas extranjeras 외국어

Grupo D: Otras materias 기타 (그 외 다른 과목)

el arte 미술 | la música 음악
la religión 종교 | el teatro 연극
la educación física 체육 | el periodismo 신문학(언론학)
la administración de empresas 경영학

Diálogo

Marta	¿Qué carrera haces?
Isabel	Soy estudiante de lenguas extranjeras.
Marta	¿Qué estudias?
Isabel	Estudio alemán, francés y español. ¿Tú eres de psicología?
Marta	No. Soy estudiante de historia.
Isabel	¿Te gusta la historia?
Marta	Sí, me gusta mucho.
Isabel	¿Te gustan tus profesores?
María	Sí, son muy buenos.
Isabel	¿Preparas tus clases?
María	Sí. Estudio materias difíciles. ¿A dónde vas ahora?
Isabel	Voy a la tienda. Voy a comprar algo.

Ejercicios

1. 다음 괄호 안에 적당한 단어로 채우시오.

1) A Juan ( ) gustan las manzanas.
2) A Claudia y a Rosa ( ) gusta el teatro.
3) A todos ( ) gustan la música y la danza.
4) Ellos van ( ) cantar una canción.
5) Ellos son estudiantes ( ) geografía.

2. 다음 A, B, C 세 그룹의 각 단어들을 연관성이 있게 연결하시오.

(A)	(B)	(C)
Alberto Einstein	pintura	geografía
Picasso	telescopio	literatura
Galileo	laboratorio	física
Mozart	pluma	astronomía
Cervantes	mapa	arte
Colón	piano	música

3. 다음 문장에서 잘못된 곳이 있는 경우 바르게 고치시오.

1) Yo hago bueno trabajo.
2) Nosotros toman café.
3) ¿cuantos materias toma Ud.?
4) A ellos les gusta las ciencias políticas.
5) Marisol estudia español y inglés.
6) Ellos va a preparar las clase.
7) Rafael es deportista.

4. 다음은 대학 입학 직후 제출하는 신상 명세서이다. 빈칸을 알맞게 채워 작성하시오.

Universidad Santo Domingo Santa fé de Bogotá

Nombre completo: ______________________
Número de identidad: ______________________
Teléfono: ______________________________________
Correo electrónico: ____________________________
Sexo: Varón _________ Mujer _________
Grupo sanguíneo: ______ RH-positivo _____ negativo _____
Estado civil: casado(a) _________ soltero(a) _________

Año académico: _________________________
Carrera: _________________________
Materias: _______________________ ____________________
_______________________ ____________________
_______________________ ____________________

Créditos: Total _____________

도우미

- 영어의 full name의 의미로 nombre completo라는 표현을 쓰는데 스페인에서는 nombres y apellidos라고 일반적으로 표현한다.
- 남, 여의 성별을 표시할 때 중남미에서는 Masculino(남성), Femenino(여성)으로 표시하는 것이 일반적이다.

Unidad 3.

En la cafetería

동사 estar
규칙동사 제 3변화 직설법 현재
의문사 cómo와 quién
국명과 그 형용사

♣ 동사 tener를 이용한 표현

¡Hola, Amigos!

Unidad 3. En la cafetería

Ideas básicas

1. ¿Cómo está, Sr. Gómez?
   안녕하세요, (어떻게 지내세요) 고메스씨?
2. Estoy muy bien. ¿Y Ud., Srta. Ocampo?
   아주 잘 지냅니다. 오깜뽀양 당신은요?
3. ¿Come Ud. generalmente en la cafetería?
   보통 카페테리아에서 식사를 하시나요?
4. Sí. Yo como aquí porque vivo lejos.
   네. 먼 곳에 살기 때문에 여기서 식사를 합니다.
5. ¿Dónde está el baño?
   화장실이 어디지요?
6. Pedro está enfermo hoy.
   뻬드로는 오늘 아프다.
7. ¿Quién es Pedro?
   뻬드로가 누군가요?
8. Es un joven venezolano.
   베네수엘라 젊은이입니다.

Más conocimientos

1. 동사 estar

– 동사 estar는 영어 to be에 해당하는 동사로서 '~한 상태이다' 혹은 '있다'라는 의미이며 다음과 같이 불규칙 변화한다.

인칭 \ 수	단 수	복 수
1인칭	estoy	estamos
2인칭	estás	estáis
3인칭	está	están

– 영어의 to be에 해당하는 동사로서 ser에 관해 공부한 바 있다. ser와 estar는 그 쓰임과 의미에 있어 다르게 사용됨으로 estar 동사의 용법을 공부하면서 ser 동사의 용법과 비교해 보자.

1) estar 동사의 용법

a. 주어의 위치를 나타낼 때 사용한다.

¿Dónde está Pedro ahora?	뻬드로는 지금 어디 있니?
Pedro está en Panamá.	뻬드로는 파나마에 있어.
Andrés y Felipe están juntos.	안드레스와 펠리뻬는 같이 있다.
Estoy en casa.	나는 집에 있다.

도 우 미

– '오늘의 모임은 어디지?'라는 질문을 스페인어로 해보자. ¿Dónde está la reunión de hoy?라고 해야 할까, ¿Dónde es la reunión de hoy?라고 해야 할까? 위치를 물어보는 표현이므로 estar를 사용해야 옳을 것 같아 보인다. 그러나 실제로 원어민들은 ser 동사를 사용한다. 이 경우는 ser 동사가 '열리다(개최되다)'의 의미를 갖는다.

– '있다'라는 뜻의 다른 표현으로 Hay를 사용할 수 있다. 동사 haber의 특수한 형태의 변화인데 estar와 비교하여 위치를 나타내기보다는 '있다 또는 없다'의 단순한 존재 여부를 나타낸다. Hay는 문장 맨 앞에 위치하며 주어의 수에 따른 동사변화를 하지 않고 정관사와 함께 쓸 수 없다.

Hay veinte estudiantes en mi departamento.	우리 과에 스무 명의 학생이 있다.
Hay un libro en la mesa.	탁자 위에 책이 한 권 있다.

b. 형용사를 보어로 취하여 주어의 상태를 나타낼 때 사용한다.

Rafael está alegre.	라파엘은 즐거워하고 있다.(기분이 좋다.)
José está enfermo.	호세는 아프다.(병이 났다.)

도우미

– '건강하다' 혹은 '건강이 좋지 않다'라는 표현을 할 때 형용사인 bueno, malo 대신 부사인 bien과 mal을 사용한다.

Juan está bien.	후안은 건강하다.
Mi hermana está mal.	나의 누나는 아프다.

– Susana y yo estamos mal이라는 문장을 살펴보자.

물론 '수사나와 나는 아프다'라는 의미도 가능하나 여러 가지 이유 등으로 좋지 않은 상태에 있다라는 의미의 해석도 가능하다. 예를 들면 경제적으로 좋지 않은 상태에 있다거나 사이가 좋지 않다는 의미도 가능하다.

여러 인칭이 연결될 때는 1인칭을 제일 나중에 쓴다. Yo y Susana estamos mal이라고 하지 않는다. Susana y yo estamos mal이라고 사용해야 한다.

2) ser와 estar의 용법 비교

a. 기본적으로 ser가 본질을 표현하는 것이라면 estar는 상태를 표현하는 것이다.

Juan es alto.	후안은 키가 크다.
Carlos está enfadado.	까를로스는 화가 나있다.

'키가 크다'는 것은 본질적인 것이다. 어느 날은 키가 작았다가 또 어느 날은 컸다가 할 수는 없다. 그러나 '화가 나있다'라는 것은 가변적인 상태의 표현이다. 즉 지금은 화가 난 상태이지만 잠시 후에는 그렇지 않을 수도 있다. 그러므로 Carlos es enfadado는 올바른 표현이 아니다. 의미상 enfadado는 본질을 표현하기 위한 형용사가 아니기 때문이다.

b. 화자의 주관적인 생각이 변하거나 상황이 변하는 경우에 ser와 estar를 구별하여 사용한다.

José es alegre pero hoy no está alegre.
호세는 명랑한 사람이지만 오늘은 명랑하지 않다.

'호세는 명랑한 성격이다'. 이는 본질적인 성격을 표현하는 것이므로 ser 동사를 사용하였다. 그러나 그런 명랑한 성격의 사람이 '오늘은 명랑하지 않다'는 것은 일시적인 상태이므로 estar 동사를 사용하였다.

c. 불변의 진리를 표현할 때는 ser 동사를 사용한다.

La sangre es roja. 피는 붉다.
La miel es dulce. 꿀은 달다.

d. ser와 estar 중 어느 동사와 같이 쓰이느냐에 따라 형용사의 의미 자체가 달라지는 경우도 있다.

– Héctor es vivo. 엑또르는 똑똑하다.(약삭빠르다.)
Héctor está vivo. 엑또르는 살아있다.
– Laura es lista. 라우라는 영리하다.
Laura está lista. 라우라는 (~을 할)준비가 되어 있다.
– Esta fruta es verde. 이 과일은 녹색이다.(원래 녹색의 과일이다.)
Esta fruta está verde todavía. 이 과일은 아직 덜 익었다.(그래서 녹색의 상태에 있다.)

2. 규칙동사 제 3변화 직설법 현재

✿ vivir(살다)의 직설법 현재 변화

인칭 \ 수	단 수	복 수
1	vivo	vivimos
2	vives	vivís
3	vive	viven

다음의 동사들은 vivir와 같이 제 3변화 규칙동사들이다.

subir 올라가다 abrir 열다 escribir 쓰다(글, 편지 등을)
recibir 받다 cubrir 덮다

3. 의문사 cómo와 quién

– 의문사 cómo는 영어의 how에 해당하는 상태, 상황 혹은 방법을 물을 때 사용한다. 부사이므로 성 · 수 변화는 하지 않는다.

¿Cómo está Ud.? 안녕하세요? (어떻게 지내세요?)
Estoy muy bien. 아주 잘 지내요.

– 의문사 quién은 영어의 who에 해당하는 '누구'라는 의미이다. 사람에 한해서 의문 대명사로만 사용되며 의문 형용사로는 사용되지 않는다. 수 변화만 한다.

¿Quién es Ud.? 당신은 누구세요?
¿De quién es el coche? 자동차는 누구의 것이지요?
¿Quiénes son ellos? 그들은 누구인가요?

도우미

이유를 물을 때는 이유를 나타내는 전치사 por와 의문사 **qué**를 연결해서 사용한다. 영어의 why처럼 한 단어로 되어있는 의문사가 없기 때문이다. 그러나 영어의 because에 해당하는 '왜냐하면'은 porque라고 한다.

¿Por qué vas a la tienda? 가게에 왜 가니?
Porque voy a comprar una corbata. 왜냐하면 넥타이 하나 사려고 해.

4. 국명과 그 형용사

국 명	남성형 형용사	여성형 형용사	수 도
Alemania	alemán	alemana	Berlín
Argentina	argentino	argentina	Buenos Aires
Bélgica	belga	belga	Bruselas
Bolivia	boliviano	boliviana	La Paz
Brasil	brasileño	brasileña	Brasilia
Canadá	canadiense	canadiense	Ottawa
Chile	chileno	chilena	Santiago
China	chino	china	Pekín
Colombia	colombiano	colombiana	Bogotá

국 명	남성형 형용사	여성형 형용사	수 도
Corea	coreano	coreana	Seúl
Costa Rica	costarricense	costarricense	San José
Cuba	cubano	cubana	La Habana
Ecuador	ecuatoriano	ecuatoriana	Quito
Egipto	egipcio	egipcia	El Cairo
Estados Unidos	estadounidense	estadounidense	Washington D.C.
Filipinas	filipino	filipina	Manila
Francia	francés	francesa	París
Grecia	griego	griega	Atenas
Guatemala	guatemalteco	guatemalteca	Guatemala
Honduras	hondureño	hondureña	Tegucigalpa
Inglaterra	inglés	inglesa	Londres
Israel	israelí	israelí	Jerusalén
Italia	italiano	italiana	Roma
Japón	japonés	japonesa	Tokio
México	mexicano	mexicana	México D.F.
Nicaragua	nicaragüense	nicaragüense	Managua
Panamá	panameño	panameña	Panamá
Paraguay	paraguayo	paraguaya	Asunción
Perú	peruano	peruana	Lima
Polonia	polaco	polaca	Varsovia
Portugal	portugués	portuguesa	Lisboa
Puerto Rico	puertorriqueño	puertorriqueña	San Juan
República Dominicana	dominicano	dominicana	Santo Domingo
Rusia	ruso	rusa	Moscú
El Salvador	salvadoreño	salvadoreña	San Salvador
Suecia	sueco	sueca	Estocolmo
Suiza	suizo	suiza	Berna
Turquía	turco	turca	Ankara
Uruguay	uruguayo	uruguaya	Montevideo
Venezuela	venezolano	venezolana	Caracas

Expresiones

* 동사 tener(가지다)를 이용한 표현
tener는 불규칙 동사로서 다음과 같이 변화한다.

수 / 인칭	단 수	복 수
1	tengo	tenemos
2	tienes	tenéis
3	tiene	tienen

1) 본래의 의미(가지고 있다)

Yo tengo una casa. 나는 집을 한 채 가지고 있다.
Ella tiene mucho dinero.[6] 그녀는 돈이 많다.(많은 돈을 가지고 있다)
Él tiene piernas largas. 그는 다리가 길다.(긴 다리를 가지고 있다)
La paella no tiene ajo. 빠에야에는 마늘이 안 들어간다.

2) 나이의 표현

¿Cuántos años tienes? 너는 몇 살이니?
Tengo trece años. 나는 열 세 살이다.

3) 관용적 표현

Tengo frío.[7] 나는 춥다.
Tengo mucho calor. 나는 매우 덥다.
Carolina tiene miedo. 까롤리나는 무서워하고 있다.(겁을 내고 있다)
Ellos tienen sed. 그들은 목이 마르다.
Eduardo tiene dolor de cabeza.
에두아르도는 머리가 아프다.(두통이 있다)

---

6) 스페인어의 특징 중의 하나는 축소사(diminutivo)와 증대사(aumentativo)가 많이 쓰인다는 점이다. '-ito', '-illo'와 같은 축소사 어미나 '-ote', '-azo'같은 증대사 어미를 사용하여 어휘상의 의미변화를 나타내곤 한다. 물론 이름에도 José 대신 Pepe, Francisco대신 Paco라는 표현을 쓰기도 한다. 이외에도 dineral과 같이 '큰 돈'이라는 의미를 갖는 어휘변화 형태도 있다.

7) 겨울에는 추위를 무척 타는 사람들이 있습니다. 스페인어로 Es muy friolero.라고 합니다.

Tenemos mucha hambre. 우리는 배가 많이 고프다.
Daniel tiene sueño. 다니엘은 졸립다.

도우미

– tener 동사의 목적어 앞에는 일반적으로 관사가 생략된다. 그러나 한정된 경우에는 생략하지 않는다.

Tengo libros. 나는 책이 있다.
Tengo los libros del profesor López. 나는 로뻬스 교수님의 책을 가지고 있다.

– 관용적 표현인 **tener sueño**에 관사를 쓰면 '졸립다'가 아니라 '꿈이 있다'라는 의미가 된다. 유사한 표현으로는 **"tener la ilusión de"**이 있다.

Magdalena tiene el sueño de viajar a España.
막달레나는 스페인으로 여행할 꿈을 가지고 있다.

Diálogo

Sandra	Hola, Guillermo.
Guillermo	Hola, Sandra. ¿Siempre comes aquí en la cafetería? ¿Por qué no vas a un restaurante bueno?
Sandra	Me gusta comer aquí porque tienen platos ricos y baratos.
Guillermo	Entonces voy a comer aquí también. Tengo mucha hambre.
	(En la cafetería)
Camarera	Hola, ¡buenas tardes! ¿Qué desea?
Guiellermo	Dos tacos, por favor.
Camarera	¿Y la bebida?
Guillermo	Agua está bien.
Sandra	¿Es un plato español?
Guillermo	¿Los tacos? No. Es un plato típico mexicano.
Camarera	Aquí tiene su plato. Buen provecho.
Guillermo	Gracias.
	(Los amigos conversan mientras comen.)
Sandra	¿Cómo está tu plato?
Guillermo	No está mal.
Sandra	Pablo está enfermo.
Guillermo	¿Quién es Pablo?
Sandra	Nuestro compañero colombiano.
Guillermo	¿Cómo es él?
Sandra	Es alto, moreno y gordo.
Guillermo	¿Es joven?... ¡Ah! Sí, tiene 19 años, ¿verdad?
Sandra	Sí. Es el más joven.
	(Llega de nuevo la camarera.)
Camarera	¿Desean postres?
Guillermo	Sólo voy a tomar un café.
Sandra	No. Gracias. Pero voy a tomar otra Coca-Cola. Tengo sed.
Camarera	Bien. Señorita.

Ejercicios

1. ( )안에 ser와 estar 중 적당한 동사를 선택하여 올바르게 변화시키시오.

1) Ella ( ) baja.
2) El elefante ( ) grande.
3) Ellas ( ) rubias.
4) Nosotros ( ) aburridos hoy.
5) Catalina ( ) triste hoy.
6) Yo ( ) cansado ahora.
7) Antonio Banderas ( ) un actor famoso.
8) Uds. ( ) borrachos.
9) Bill Clinton ( ) ex-presidente de Estados Unidos.
10) Mis padres ( ) preocupados.

2. 다음 중 cafetería에 관련된 단어는 (c)로 표시하고 universidad에 관련된 단어는 (u)로 표시하시오.

café	( )	tiza	( )	refresco	( )
tenedor	( )	cuaderno	( )	plato	( )
bocadillo	( )	vaso	( )	lápiz	( )
cuchara	( )	camarero	( )	leche	( )
tarea	( )	nevera	( )	pan	( )
té	( )	zumo	( )	cerveza	( )
ensalada	( )	almuerzo	( )	taza	( )

3. 다음 질문에 스페인어로 답하시오.

1) ¿Cuántos años tiene tu padre?

____

2) ¿Quién es Gabriel García Márquez?

____

3) ¿Qué clase de música te gusta?

____

4) ¿Cómo está tu profesor(a) hoy?

____

5) ¿De dónde son Los Beatles?

____

6) ¿Cuál es la capital de Argentina?

____

4. 다음의 A는 Diego Ojeda의 인사기록 카드이다. 이를 바탕으로 B의 내용이 사실(verdadero)이면 (V)로, 거짓(falso)이면 (F)로 표시하시오.

A.

CAMACHO Y HERMANOS Ltda. Depto. de Personal
Nombres y apellidos: Diego Fernando Ojeda Ortíz
Fecha de nacimiento: 16 de mayo de 1950 Altura: 190cm Peso: 60kg Estado civil: divorciado Nacionalidad: Brasileña
Especialidad: Ingeniería industrial Posición actual: gerente Salario mensual: 10.000 dólares americanos
Aficiones: jugar al fútbol, béisbol y baloncesto leer libros, viajar * Observaciones: Tiene mala vista.

B.

1) El apellido del padre de su madre es Ortíz. ( )
2) Es joven. ( )
3) Es un hombre alto y flaco. ( )
4) Tiene esposa e hijos ahora. ( )
5) No es latinoamericano. ( )
6) Habla bien el portugués. ( )
7) Es escritor. ( )
8) Le gustan los deportes. ( )
9) Necesita las gafas. ( )
10) Trabaja en una agencia de turismo. ( )
11) Recibe un buen sueldo. ( )

Unidad 4.

¿Cómo es tu horario?

재귀동사(1)

의문사 cuándo와 때를 표현하기 위한 어휘들

전치사 a, con, para, por와 인칭대명사 전치격

감탄문

지시 형용사와 지시 대명사

동사 poder와 querer

♣ 숫자(21-100)

♣ 시간의 표현

¡Hola, Amigos!

Unidad 4. ¿Cómo es tu horario?

Ideas básicas

1. Me levanto temprano por la mañana.
   나는 아침에 일찍 일어난다.
2. Te acuestas tarde por la noche.
   너는 저녁에 늦게 잔다.(잠자리에 든다)
3. ¿Cuándo ves a Juan?
   너는 언제 후안을 보니?(만나니?)
4. Yo veo a Juan todos los días.
   나는 후안을 매일 본다.
5. ¿Ayudas mucho a la gente?
   너는 사람들을 많이 도와 주니?
6. ¡Qué bueno eres!
   너는 정말 착하구나!
7. ¿Puede hacer esto para mí?
   저를 위해 이것을 해 줄 수 있나요?
8. ¿Qué es esto?
   이것은 무엇입니까?
9. Quiero comprar ésta.
   나는 이것을 사고 싶어.
10. Voy a hacer este trabajo con Ricardo.
    나는 리까르도와 함께 그 일을 할거야.

Más conocimientos

1. 재귀동사(1)

– 재귀동사는 의미상으로 주어가 행하는 행동이 자기 자신에게 되돌아가는 동사이다. 재귀동사는 대부분의 경우 타동사에 자기 자신을 의미하는 재귀대명사 se를 합친 형태로 이루어져 있다.

✿ 재귀 대명사 se의 인칭변화

인칭＼수	단 수	복 수
1	me 나 자신을(에게)	nos 우리 자신을(에게)
2	te 너 자신을(에게)	os 너희 자신을(에게)
3	se 그, 그녀, 당신, 그것 자신을(에게)	se 그들, 그녀들, 당신들, 그것들 자신을(에게)

'일으키다'라는 의미의 타동사 levantar의 경우를 보자. 재귀대명사 se를 합쳐 levantarse라는 재귀동사를 만들면 '일으키는' 행위의 대상이 자신이 되어 '자신을 일으키다' 즉 '일어나다'라는 의미의 자동사가 된다. levantar는 제 1변화 규칙동사이므로 재귀동사 levantarse의 변화는 다음과 같다.

인칭＼수	단 수	복 수
1	Yo me levanto	Nosotros nos levantamos
2	Tú te levantas	Vosotros os levantáis
3	Él/Ella/Ud. se levanta	Ellos/Ellas/Uds. se levantan

'눕다'라는 뜻의 재귀동사 acostarse는 타동사 acostar(눕히다)와 재귀대명사 se가 합쳐진 것이다. 이 동사는 불규칙 변화동사로 다음과 같이 변화한다.

인칭＼수	단 수	복 수
1	Yo me acuesto	Nosotros nos acostamos
2	Tú te acuestas	Vosotros os acostáis
3	Él/Ella/Ud. se acuesta	Ellos/Ellas/Uds. se acuestan

다음의 재귀동사들이 위와 같은 형태를 취한다. 불규칙 동사가 많으므로 동사 변화를 잘 익혀 둔다.

bañar	목욕시키다	bañarse	목욕하다
duchar	샤워시키다	ducharse	샤워하다
despertar	깨우다	despertarse	깨다
alegrar	기쁘게 하다	alegrarse	기쁘다
casar	결혼시키다	casarse	결혼하다
enamorar	사랑하게 만들다	enamorarse	사랑하다
peinar	머리를 빗어주다	peinarse	머리 빗다
sentar	앉히다	sentarse	앉다

Te bañas con agua fría.	너는 찬물로 목욕한다.
¿Cuándo te duchas?	너는 언제 샤워를 하니?
Me ducho por la mañana.	나는 아침에 샤워를 한다.
Me despierto temprano por la mañana.	나는 아침 일찍 깬다.
Me alegro de ver a Adriana.	아드리아나를 보아서 기쁘다.
Rocío se casa con Manolo.	로시오는 마놀로와 결혼한다.
Ella se enamora de Hugo.	그녀는 우고와 사랑한다.
No nos peinamos.	우리는 머리를 빗지 않는다.
Magdalena y Jesús se sientan aquí.	막달레나와 헤수스는 여기 앉는다.

도 우 미

– despertar 동사의 직설법 현재형은 어간 모음 'e'가 'ie'로 불규칙 변화를 한다. 단, 1, 2인칭 복수형의 어간은 변화하지 않으니 주의하라.

인칭 \ 수	단 수	복 수
1	despierto	despertamos
2	despiertas	despertáis
3	despierta	despiertan

다음의 동사들은 위와 동일한 변화형을 취한다.

sentar	앉히다	empezar	시작하다
comenzar	시작하다	cerrar[8]	닫다
pensar[9]	생각하다	negar	부인하다
querer	좋아하다		

2. 의문사 cuándo와 때를 표현하기 위한 어휘들

- 의문사 cuándo는 영어의 'when'에 해당하는 '언제'라는 의미로 때를 묻는 의문 부사이다.

¿Cuándo vas a estudiar?	언제 공부 할거니?
Voy a estudiar por la tarde.	오후에 공부하려고 합니다.
¿Cuándo ves a Juan?	너는 언제 후안을 보니?
Yo veo a Juan todos los días.	나는 매일 후안을 본다.

도우미

Ver(보다, 만나다) 동사의 불규칙 변화형은 책 뒤의 부록을 참조하시오.

8) En la boca cerrada no entran moscas. 직역하면 '닫힌 입에는 파리가 들어가지 않는다' 라는 뜻이다. 입조심하라는 뜻이다. 영어의 경우에는 파리와 모기가 fly와 mosquito 각각의 단어가 있지만 스페인어는 mosca와 mosquito에서 보듯이 형태론적인 축약형의 형태로 존재한다.

9) 데카르트가 남긴 유명한 말이 있다. '생각한다 고로 존재한다'. Pienso luego existo. 시대가 많이 변해서 요즘에는 Chateo luego existo.라는 우스개 표현도 생겼다.

– 때를 표현하기 위해 유용한 단어들

temprano 일찍	tarde 늦게	ahora 지금, 금방	ya 벌써, 곧

¿Cuándo termina la clase? 언제 수업이 끝나니?
Ahora termina. 금방 끝나. 지금 끝나.
Magdalena va a llegar tarde hoy. 막달레나는 오늘 늦게 도착할 거야.
Jesús va temprano a su casa. 헤수스는 일찍 자기 집에 간다.
Ya voy a cenar. 곧 저녁식사를 할거야.

3. 전치사 a, con, para, por와 인칭대명사 전치격

1) 전치사 a

– 방향(~로, ~에)

¿A dónde vas? 어디(로) 가니?
Voy a la biblioteca. 도서관에 간다.

– 목적(~을 하러)

¿A qué vamos al parque? 우리는 공원에 뭐 하러 가나요?

– 사람이 목적어로 쓰일 때는 반드시 그 앞에 a를 써주어야 한다.

Yo enseño al niño. 나는 그 어린아이를 가르친다.
Ellos quieren mucho a su hermano.
그들은 그들의 형(동생)을 무척 사랑한다.

– 사람이 아니더라도 의인화되면 a를 써 준다.

Ella toca a su perro. 그녀는 그녀의 개를 만진다.

– a와 정관사 el은 a el이라 하지 않고 합쳐서 al이라 하며 al+동사 원형은 '~할 때'라는 의미이다.

Al ver a mi padre... 내 아버지를 볼 때
Al comer frutas... 과일을 먹을 때

2) 전치사 con

- 동반(~와 같이, 함께)

  Yo siempre como con mis amigos.
  나는 항상 내 친구들과 식사를 한다.

- 추상 명사와 같이 쓰여 부사구를 만든다.

  Antonio vive aquí con mucha felicidad.
  안또니오는 여기서 아주 행복하게 산다.
  Antonio vive aquí muy felizmente.
  안또니오는 여기서 아주 행복하게 산다.

3) 전치사 para

- 목적(~를 위하여, ~을 위한)

  Voy a comprar un reloj para mi padre.
  나는 아버지를 위해 시계를 하나 산다.

- 방향 지정(~를 향하여)

  Ellos van para Madrid.
  그들은 마드리드로(를 향하여) 간다.

- 용도

  Necesito un vaso para agua.
  나는 물 잔이 필요하다. (물을 담기 위한 잔)

다음 문장과 비교해 보자.

  Necesito un vaso de agua.
  나는 물 한잔이 필요하다. (한 잔의 물)

4) 전치사 por

- 다음의 때를 표현하는 어휘는 관용적으로 쓰이는 부사구이다.

  Tengo clases por la mañana. 나는 오전에 수업이 있다.
  Tengo cita con Javier por la tarde. 나는 오후에 하비에르와 약속이 있다.
  Visito a mi novia por la noche. 나는 내 여자친구를 저녁(밤)에 방문한다.

- 원인(~때문에)

  Trabajas por tu padre. 너는 아버지 때문에 일한다.

5) 인칭대명사 전치격

- 전치격이란 전치사와 같이 쓰이는 인칭대명사를 뜻하며 다음과 같다. 전치사 para와 같이 써보자.

para mí	para nosotros(as)
para ti	para vosotros(as)
para él	para ellos
para ella	para ellas
para usted	para ustedes

El dinero es para mí. 그 돈은 나를 위한 것이다.
El libro es de él. 그 책은 그의 것이다.
Vamos al teatro con ellos. 우리는 그들과 함께 극장에 간다.

- 전치사 con과 mí, ti가 같이 사용될 때는 각각 conmigo, contigo가 된다.

¿Con quién estudia Roberto? 로베르또는 누구와 공부하니?
Roberto estudia conmigo. 로베르또는 나와 함께 공부한다.
¿Con quién canta Carla? 까를라는 누구와 노래하니?
Carla canta contigo. 까를라는 너와 같이 노래한다.

또한 con과 3인칭 대명사의 경우(él, ella, usted, ellos, ellas, ustedes) 'con+3인칭 대명사'와 'consigo' 두 가지로 쓰일 수 있으나 그 의미는 다르다. 다음의 두 문장을 비교해보자.

Miguel lleva al perro consigo mismo.
미겔은 자신이 직접 개를 데리고 간다.
Miguel lleva al perro con él.
미겔은 그(다른 그 누구)와 함께 개를 데리고 간다.

도우미

mismo는 '자신'을 의미한다. Yo mismo 나 자신

4. 감탄문

- 스페인어의 감탄문에 사용되는 감탄사로는 qué, cómo, cuánto 등이 있으며 그 유형도 다양하다. 가장 기본적인 유형을 살펴보자. 항상 문장의 앞뒤에 감탄부호를 찍는다.
- 감탄문의 유형

1) 감탄사 qué를 사용하는 경우

a. ¡Qué + 명사 + tan(혹은 más) + 형용사!

¡Qué edificio tan grande! 얼마나 커다란 건물인가!

¡Qué casa tan bonita! 얼마나 아름다운 집인가!

b. ¡Qué + 형용사 + 동사 + 명사(주어)!

¡Qué inteligente eres tú! 너는 정말 똑똑하구나!

¡Qué bonita es ella! 그녀는 정말 예쁘구나!

c. ¡Qué + 명사! 혹은 ¡Qué + 형용사(혹은 부사)!의 간단한 형태도 가능하다.

¡Qué muchacho! 이런 녀석이 있나!

¡Qué bonito! 정말 예쁘구나!

¡Qué bien! 참 좋겠다!

2) 그 외 감탄사를 사용하는 경우

a. cómo를 사용하는 경우 형용사나 부사를 동반하지 않고 동사만을 강조한다.

¡Cómo canta Rafael! 라파엘이 노래하는 것 좀 봐!

¡Qué bien canta Rafael! 라파엘이 얼마나 노래를 잘하는지!

b. cuánto를 사용하는 경우 양(정도) 혹은 수량에 대해 감탄한다.

¡Cuánto come Luisa! 루이사는 얼마나 먹는지!

¡Cuánta alegría tengo yo! 내가 얼마나 기쁜지!

5. 지시 형용사와 지시 대명사

1) 지시 형용사

- 지시 형용사는 명사 앞에 놓이며 한정하는 명사의 성, 수에 일치시켜 사용한다.

성	의 미	단 수	복 수
남성 여성	이...	este esta	estos estas
남성 여성	그...	ese esa	esos esas
남성 여성	저...	aquel aquella	aquellos aquellas

este hombre	이 남자	estos hombres	이 남자들
esta mujer	이 여자	estas mujeres	이 여자들
ese libro	그 책	esos libros	그 책들
esa novela	그 소설	esas novelas	그 소설들
aquel niño	저 소년	aquellos niños	저 소년들
aquella niña	저 소녀	aquellas niñas	저 소녀들

Este/ ese/ aquel libro es interesante.
이/ 그/ 저 책은 재미있다.
Estos/ esos/ aquellos libros son interesantes.
이/ 그/ 저 책들은 재미있다.
Esta/ esa/ aquella casa es grande.
이/ 그/ 저 집은 크다.
Estas/ esas/ aquellas casas son grandes.
이/ 그/ 저 집들은 크다.

2) 지시 대명사

– 지시 대명사는 대신하는 명사의 성 · 수에 일치시켜야 한다. 잘 알지 못하는 사물, 생각, 상황 등은 중성으로 사용한다. 중성 대명사는 성 · 수 구분없다.

성	단 수	의 미	복 수	의 미
남성 여성 중성	éste ésta esto	이것, 이사람	éstos éstas -	이것들, 이사람들
남성 여성 중성	ése ésa eso	그것, 그사람	ésos ésas -	그것들, 그사람들
남성 여성 중성	aquél aquélla aquello	저것, 저사람	aquéllos aquéllas -	저것들, 저사람들

Este reloj es del profesor Rodríguez. (지시형용사)
이 시계는 로드리게스 교수님의 것이다.
Éste es del profesor Rodríguez. (지시대명사)
이것은 로드리게스 교수님의 것이다.
Esas manzanas son grandes. 그 사과들은 크다.
Ésas son grandes. 그것들은 크다.
Voy a comprar aquella corbata. 저 넥타이를 사겠다.
Voy a comprar aquéllas. 저것들을 사겠다.
¿Qué es esto? 이것은 무엇입니까?
Es una mesa. 탁자입니다.
¿Qué es eso? 그것은 무엇입니까?
Es un hotel 호텔입니다.

6. 동사 poder와 querer

- 두 동사는 불규칙동사로서 다음과 같이 변화한다.

poder (할 수 있다)

수 / 인칭	단 수	복 수
1	puedo	podemos
2	puedes	podéis
3	puede	pueden

querer (원하다, 사랑하다)

수 / 인칭	단 수	복 수
1	quiero	queremos
2	quieres	queréis
3	quiere	quieren

- poder와 querer 동사는 목적어로 원형 동사를 취할 수 있다.

Puedes montar bicicleta. 너는 자전거를 탈 수 있다.
Queremos montar bicicleta. 우리는 자전거를 타고 싶다.
¿Puedes escribir un poema para mí?
너는 나를 위해 시 한수를 써 줄 수 있니?
¿Quieren Uds. comer tacos? 당신들은 따꼬를 먹고 싶나요?

Expresiones

* 숫자(21-100)

100까지의 숫자 읽는 법을 공부하자. 20까지는 2과에서 공부하였다. 21~29는 십 단위에 접속사 y로 단 단위를 연결한 형태라고 생각하면 된다: 예) 22 veinte y dos. 그러나 이 형태보다 한 단어로 축약된 형태를 보통 사용한다: veintidós. 이때 단 단위의 악센트 위치를 유지하기 위해 악센트 부호를 찍어주어야 하는 경우가 있으니 주의하라. 31이상은 축약형을 사용하지 않고 십 단위에 접속사 y로 단 단위를 연결하면 되므로 비교적 쉽다.

21 veintiuno	22 veintidós
23 veintitrés	24 veinticuatro
25 veinticinco	26 veintiséis
27 veintisiete	28 veintiocho
29 veintinueve	30 treinta
31 treinta y uno	39 treinta y nueve
40 cuarenta	41 cuarenta y uno
49 cuarenta y nueve	50 cincuenta
60 sesenta	70 setenta
80 ochenta	90 noventa
100 cien (ciento)	

ciento는 명사 바로 앞에서 어미 to를 탈락시킨다. 그러나 숫자가 계속되는 경우에는 탈락시키지 않는다.

cien euros 백 유로	cien libros 백 권의 책
cien mujeres 백 명의 여자	ciento treinta y uno 131

도우미

스페인의 화폐 단위는 2001년 12월까지 뻬세따(Peseta)를 사용하였지만 2002년 1월부터는 유로(Euro)로 바뀌었다. 유럽연합의 국가들 중에서 영국, 스웨덴, 덴마크를 제외한 12개국-스페인, 포르투갈, 프랑스, 독일, 이탈리아, 벨기에, 네덜란드, 오스트리아, 룩셈부르크, 핀란드, 아일랜드, 그리스-에서 현재 유로화가 단일 통화로 사용되고 있다.

* 시간의 표현

1) '몇 시입니까?' 라는 질문은 의문사 qué와 동사 ser를 사용하여 표현하며 그에 대한 대답은 역시 ser 동사를 사용하고 여성형 정관사를 시간 앞에 쓰는데 두 시 이상은 복수로 쓴다: "ser 동사의 3인칭 단, 복수(es, son) + 여성정관사 단, 복수(la, las) + 기수"

분은 시 다음에 접속사 y로 연결한다.

¿Qué hora es? 몇 시입니까?
¿Qué horas son? 몇 시입니까?
Es la una. 한 시입니다.
Es la una y veinte. 한 시 20분입니다.
Son las cuatro. 네 시입니다.
Son las dos y cuarenta y cinco. 두 시 사십 오 분입니다.

15분은 4분의 1이란 뜻의 cuarto, 30분은 반시간이란 뜻의 media를 사용해도 된다.

Son las cinco y quince. 5시 15분입니다.
Son las cinco y cuarto.
Son las siete y treinta. 7시 30분(7시 반)입니다.
Son las siete y media.

2) 시간을 말할 때 필요한 표현들

a. '~시 ~분전'이란 표현은 전치사 para를 사용한다. 이 때는 분이 먼저 오고 다음에 시가 온다. 혹은 menos를 사용해서 같은 표현을 할 수 있다. 이 때는 시가 먼저 오고 다음에 분이 온다. ser 동사이외에도 faltar 동사가 쓰이기도 한다.

Faltan diez (minutos) para las tres. 3시 10분전입니다.
Son las tres menos diez. 3시 10분전입니다.

b. '오전, 오후 ~시'의 표현은 de la mañana(오전), de la tarde(오후)로 쓴다.

Son las ocho de la mañana.　오전 8시입니다.

Son las ocho de la tarde.　오후 8시입니다.

도우미

'오전에, 오후에' 하는 표현으로 **por la mañana, por la tarde**를 알고 있다. 이는 전치사 por가 일정 범위를 나타내는 의미가 크므로 각각 '오전 중에, 오후 중에'라는 뜻이다. 따라서 시간을 나타낼 때 오후 3시를 Son las tres por la tarde라고 해서는 안 된다.

c. '~시에', '~시 ~분에'라는 표현에는 전치사 a가 쓰인다.

Ellos desayunan a las siete y cuarto de la mañana.
그들은 오전 7시 15분에 아침 식사를 한다.

d. '정각에'라는 표현은 en punto라고 한다.

Ellos van a llegar aquí a las dos en punto.
그들은 2시 정각에 여기에 도착할 것이다.

Diálogo

Marisol	¿Te levantas temprano por la mañana?
Rocío	No, porque me acuesto tarde por la noche. Y tú, ¿a qué hora te levantas?
Marisol	Me levanto a las seis en punto. Me ducho con agua caliente, me peino y hago ejercicio. Pero no desayuno.
Rocío	Generalmente me levanto a las once y media de la mañana.
Marisol	¡Qué perezosa eres!
Rocío	Tal vez, sí. Por eso no puedo leer el periódico por la mañana.
Marisol	Pero también hago ejercicio para mi salud.[10)] ¿Qué haces por la tarde?
Rocío	Voy a la universidad, porque tengo clase de inglés.
Marisol	¿Cuántos estudiantes hay en esa clase?
Rocío	Más o menos hay sesenta.
Marisol	¿A qué hora sales de casa para llegar a tiempo a tu clase?
Rocío	A eso de las dos y cuarto. Pero hoy no voy. Tengo una reunión importante a esa hora.
Marisol	Una señora va a hablar de la cocina española en la reunión.
Rocío	¡Qué interesante! Quiero ir allí contigo.
Marisol	Vamos, entonces.
Rocío	Muy bien.

---

10) 건배(bridis)를 하면서 외치는 말, 아이러니하게도 salud(건강)이라는 단어를 사용합니다. 술을 마시면서 건강이라는 단어를 사용하게 된 근원은 정확하지 않지만 스페인의 젊은 사람들은 건배를 할 때 세 가지를 외칩니다. Salud, Amor y Dinero. 건강과 사랑 그리고 돈입니다.

Ejercicios

1. 다음 Roberto의 일과표를 보고 보기와 같이 Roberto가 어떤 하루를 보내는지 상상하여 가능한 자세히 묘사해 보시오.

(보기) 9:00 desayunar
Roberto desayuna pan y café con leche a las nueve.

Hora	Actividad
7:10	levantarse
7:30	ducharse
8:20	hacer ejercicio
9:00	desayunar
11:00	asistir a clase
12:00	almorzar
1:15	leer libros
3:46	trabajar
5:00	regresar a casa
7:40	cenar
9:30	estudiar
11:00	acostarse

2. 다음 문장의 빈 칸에 재귀 대명사를 알맞게 넣으시오.

1) ¿A qué hora ____________ levantas?
2) ____________ levanto a las ocho de la mañana.
3) ¿A qué hora ____________ acostáis?
4) ____________ acostamos a las once de la noche.
5) ¿Cómo ____________ llamas?
6) ____________ llamo María.
7) ¿Cuándo ____________ ducha su hermano?
8) Mi hermano ____________ ducha por la mañana.

3. 밑줄친 부분을 지시 대명사로 바꾸시오.

1) Este sombrero es de Juan. (   )
2) Ese hombre es mi tío. (   )
3) Voy a comprar aquella falda. (   )
4) Estos relojes son de oro. (   )
5) Veo aquellas estrellas todas las noches. (   )

4. 다음 문장을 감탄문으로 바꾸시오.

1) Él es muy guapo.

____

2) Ella es muy inteligente.

____

3) Esa manzana es muy grande.

____

4) Tú eres muy tonto.

____

5. 다음 문장에서 잘못된 곳을 찾아 바르게 고치시오(두 군데 이상일 수도 있다).

1) Se levantas siempre temprano por la mañana.
2) ¿Quieres ir a la discoteca con mí?
3) Tengo clase a los tres y veinte por la tarde.
4) Necesito ciento euros ahora mismo.
5) La reunión empieza a los cuatro a punto.

Un Film de
able
on
ella

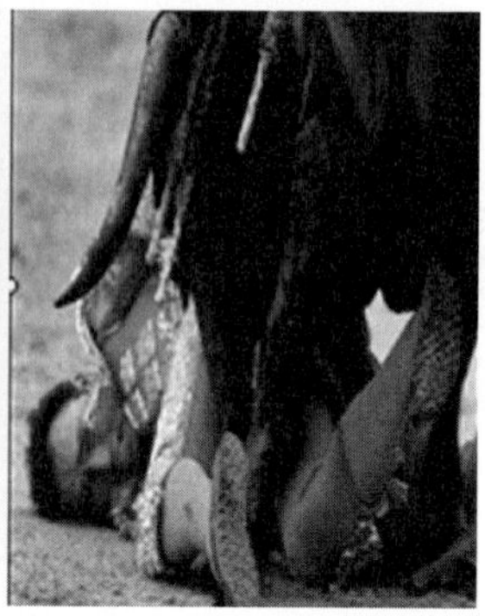

Unidad 5.

El fin de semana

관사 용법

수사(기수와 서수)

인칭대명사 목적격

접속사 cuando, si, que

♣ 요일, 날짜, 날씨, 계절에 관한 표현

¡Hola, Amigos!

Unidad 5.

El fin de semana

Ideas básicas

1. El dinero es muy necesario.
   돈은 매우 필요한 것이다.
2. Un hombre nunca llora.
   남자는 절대 울지 않는 법이다.
3. Debo depositar veinte mil pesos.
   나는 이만 뻬소를 예금해야 한다.
4. El rey de España es Juan Carlos I.
   스페인의 국왕은 후안 까를로스 1세이다.
5. ¿Me puedes prestar el dinero?
   나에게 돈을 빌려줄 수 있니?
6. Te voy a llamar este fin de semana.
   이번 주말에 너에게 전화할거야.
7. Cuando vas al río, debes tener cuidado.
   강에 갈 때, 조심해야 한다.
8. Si quieres bailar, vamos a la fiesta.
   네가 춤을 추고 싶으면, 우리 파티에 가자.
9. Es importante hacer ejercicio.
   운동하는 것은 중요하다.

Más conocimientos

1. 관사 용법

1) 정관사 용법

a. 일반적인 의미로 전체를 나타낸다.

El perro es fiel. 개는(개란 동물은) 충직하다.

b. 명사화된 동사의 부정형이 주어가 되는 경우(생략해도 됨)

(El) Viajar con Rodrigo es muy interesante.
로드리고와 여행하는 것은 매우 재미있다.

c. 존칭, 직위 앞에 사용한다.

El señor Martínez viene con su hija.
마르띠네스씨가 딸과 함께 온다.

그러나 호칭일 경우는 관사를 생략한다.

¿Cómo está, señor Martínez? 마르띠네스씨 안녕하세요?

d. 언어명 앞에 사용한다.

El español no es tan fácil de aprender.
스페인어는 배우기가 그렇게 쉽지 않다.

동사 hablar와 같이 쓰일 때는 관사를 생략한다. 단 hablar와 언어명 사이에 부사가 삽입되는 경우는 관사를 생략치 않는다.

Lucía habla francés. 루시아는 불어를 말한다.(말할 줄 안다)
Lucía habla bien el francés. 루시아는 불어를 잘 말한다.(한다)

최근 estudiar, comprender, saber, escribir 등의 동사 역시 hablar처럼 언어명이 목적어로 올 때 관사를 생략하는 추세이다. 물론 동사와 언어명 사이에 부사가 삽입되면 관사를 생략하지 않는다.

e. 나이를 말할 때는 숫자 앞에 남성 정관사를 사용한다. 그러나 Tener 동사를 써서 '몇 살이다'라는 표현을 할 때는 관사를 쓰지 않는다.

Yo vivo en esta casa desde los diez años.
나는 열살 때부터 이 집에서 산다.

Tengo veinte años. 나는 스무살이다.

f. 소유 대명사에는 정관사를 쓴다.

Puedes llevar el mío. 너는 내 것을 가져가도 되.

g. 전치사와 명사의 결합형태로 형용사구 혹은 부사구를 이룰 때 정관사를 생략하는 경우가 있다. 주로 관용 어구화된 경우이다.

de와 명사가 품질형용사 역할을 하는 경우

departamento de ventas 판매과

con과 명사가 형용사구 혹은 부사구로 사용될 때

café con leche 밀크 커피

con claridad 명백하게

Felipe siempre escribe con pluma.
펠리뻬는 항상 펜으로 쓴다.

en과 명사가 부사구로 사용될 때

en español 스페인어로

en voz alta/baja 큰/작은 목소리로

도우미

- 전치사 de와 명사가 형용사구가 되더라도 직함이 있을 때는 정관사를 생략하지 않는다.(el coche del profesor Guillén(기옌 교수님의 차))
- 전치사 con과 명사가 형용사구가 되더라도 그 명사가 한정된 것일 때 그리고 부사구가 되는 경우도 '~와 함께'라는 의미로 사용될 때는 관사를 생략치 않는다.

Felipe siempre escribe poemas con la pluma de su abuelo.
펠리뻬는 항상 그의 할아버지의 펜으로 시를 쓴다.

Alfredo juega al fútbol con los vecinos.
알프레도는 이웃들과 함께 축구를 한다.

2) 부정관사 용법

a. 종족전체의 대표로서 예가 되는 경우에 부정관사를 쓴다.

Un hombre no llora. 남자는 울지 않는 법이다.

b. 의식적으로 수를 강조하면서 말할 때 부정관사를 쓴다.

Yo tengo un hijo.	나는 아들이 하나 있다.
Voy a comprar unos libros.	나는 책 몇 권을 살 예정이다.

c. ser 동사의 보어로 단수 가산명사가 올 때는 일반적으로 부정관사를 쓴다. 복수일 경우에는 관사 없이 사용할 수 있다.

Es una silla.	의자이다.
Son unas sillas.	몇 개의 의자들이다.
Son sillas.	의자들이다.

도우미

다음의 경우는 부정관사를 생략한다.

- ser 동사의 보어로서 단수 명사가 오는 경우라도 그것이 국적, 신분, 직업, 종교를 말할 때

  Soy colombiano (abogado, profesor, católico).
  나는 콜롬비아인(변호사, 교수, 가톨릭 신자)이다.

그러나 수식어가 붙어 범위를 한정할 경우는 부정관사를 쓴다.

Soy un colombiano muy pobre.	나는 아주 가난한 콜롬비아인이다.
Soy un abogado excelente.	나는 탁월한 변호사이다.

- 주로 동사 tener나 hay와 같이 쓰여 단지 존재의 유무를 표현 할 때 부정관사를 사용하지 않는다.

  ¿Hay médico aquí? 여기 의사 있습니까?

그러나 의미가 한정되는 경우는 관사를 쓴다.

Sí. Hay un médico bueno. 네. 훌륭한 의사가 있습니다.

2. 수사(기수와 서수)

1) 기수: 백 단위 이상의 숫자를 연습해보자.

101	ciento uno
199	ciento noventa y nueve
200	doscientos
299	doscientos noventa y nueve
300	trescientos
400	cuatrocientos
500	quinientos

600	seiscientos
700	setecientos
800	ochocientos
900	novecientos
1.000	mil
1.001	mil uno
1.999	mil novecientos noventa y nueve
2.000	dos mil
3.000	tres mil
4.000	cuatro mil
5.432	cinco mil cuatrocientos treinta y dos
10.000	diez mil
20.000	veinte mil
55.000	cincuenta y cinco mil
110.000	ciento diez mil
909.000	novecientos nueve mil
1.000.000	un millón
2.000.000	dos millones
1억	cien millones
십억	mil millones
1조	un billón

ciento(100)는 명사 앞에서 그리고 mil(1.000)과 millón(1.000.000) 앞에서는 성에 관계없이 어미 to를 탈락시킨다. 그러나 ciento 다음에 다른 숫자가 계속될 때에는 어미 to를 탈락시켜서는 안된다.

cien mujeres 백 명의 여자
cien hombres 백 명의 남자
cien mil euros 십만 유로
ciento cincuenta y ocho perros 158마리의 개

200부터 900까지는 명사의 성에 일치시키고 항상 복수형으로 쓴다.

doscientos muchachos 200명의 소년
doscientas muchachas 200명의 소녀
novecientos cuatro caballos 904마리의 말

novecientas treinta y ocho casas 938채의 집

mil은 성의 구별을 하지 않고 복수형으로도 쓰지 않는다.

mil días 천 일
siete mil quinientas personas 7,500명의 사람

millón은 ciento나 mil과는 달리 앞에 un을 써야하며 또한 수 변화를 하고 명사 바로 앞에 올 때는 전치사 de를 쓴다.

un millón de pesos 100만 뻬소
nueve millones de años 900만 년
cien millones de habitantes 1억명의 주민들

그러나 숫자가 계속되면 전치사 de를 쓰지 않는다.

tres millones novecientos mil dólares 390만 달러

2) 서수 연습을 해보자.

첫 번째	primero	두 번째	segundo
세 번째	tercero	네 번째	cuarto
다섯 번째	tercero	여섯 번째	sexto
일곱 번째	séptimo	여덟 번째	octavo
아홉 번째	noveno	열 번째	décimo
열 한 번째	undécimo	열 두 번째	duodécimo
열 세 번째	decimotercero	스무 번째	vigésimo
스물 한 번째	vigésimo primero	서른 번째	trigésimo
마흔 번째	cuadragésimo	쉰 번째	quincuagésimo
예순 번째	sexagésimo	일흔 번째	septuagésimo
여든 번째	octogésimo	아흔 번째	nonagésimo
백 번째	centésimo	천 번째	milésimo

서수는 명사의 성 · 수에 일치시켜야 하며 primero와 tercero는 남성 단수 명사 앞에서 어미 o를 탈락시킨다. 또한 서수가 명사를 수식할 때는 반드시 그 명사의 성 · 수에 맞추어 관사를 같이 사용하되 서수의 앞에 둔다. 서수의 위치는 일반적으로 명사의 앞에 위치시키

나 뒤에 두어 쓰는 경우도 있다.

el tercer hombre 세 번째 남자
la segunda marcha 두 번째 행진
el día primero 첫 날

undécimo 이상의 경우는 서수를 대신하여 기수를 명사 뒤에 쓴다. 아라비아 숫자를 쓰지 않고 로마자를 쓴다.

Siglo XXI(veintiuno) 21세기
Alfonso XIII(trece) 알폰소 13세

Carlos V(quinto) 까를로스 5세의 경우는 Carlos cinco라 하지 않는다.

기수와 서수가 같이 쓰여 명사를 수식할 때는 기수를 먼저 써야한다.

los tres primeros hombres 처음 세 명의 남자들

3. 인칭대명사 목적격

1) 직접 목적격

Me(Nos) quieres mucho. 너는 나를(우리를) 많이 사랑한다.
Te(Os) necesito de verdad. 나는 너를(너희를) 정말로 필요로 한다.
Lo(Los) invitamos esta noche. 우리는 그를(그들을, 당신들을) 오늘밤 초대한다.
La(Las) traigo a la fiesta.
나는 그녀를(그녀들을, 당신들을) 파티에 데리고 온다.

2) 간접 목적격

Me(Nos) dices la verdad. 너는 나(우리)에게 진실을 말한다.
Te(Os) mandamos una carta. 우리는 너(너희)에게 편지를 보낸다.
Le(Les) compro un coche.
나는 그, 그녀, 당신(그들, 그녀들, 당신들)에게 차를 사준다.

목적격 대명사는 동사 앞에 위치시킨다. 그러나 그 동사의 형태가 원형, 현재 분사형, 긍정 명령형일 경우는 위치가 달라질 수 있다. 목적격 대명사의 자세한 용법은 7과에서 설명하기로 한다.

4. 접속사 cuando, si, que

1) cuando는 '~할 때'라는 때를 나타내는 접속사이며 si는 '~한다면'이라는 조건을 나타내는 접속사이다.

Cuando estás con tu novia, hablas mucho.
너는 너의 애인과 같이 있을 때 말을 많이 한다.

Si me escribes una carta, te voy a contestar.
네가 나에게 편지를 쓴다면, 너에게 답장을 할께.

2) que는 영어의 that과 같이 명사절을 만드는 접속사이다.

Manolo dice que tú vas a ir al concierto hoy.
네가 오늘 음악회에 간다고 마놀로가 말한다.

도우미

cuando와 **cuándo**, **si**와 **sí** 그리고 **que**와 **qué**를 잘 구별해서 사용해야 한다. 스페인어에서는 불규칙 악센트의 혼동은 단순한 철자법의 오류가 아니라 의미상의 오류와 같은 심각한 상황을 초래할 경우가 있다.

Expresiones

* 요일, 날짜, 날씨, 계절에 관한 표현

1) 요일

각 요일의 명칭은 다음과 같다. 영어와는 달리 대문자로 쓰지 않는다.

월요일	lunes	화요일	martes
수요일	miércoles	목요일	jueves
금요일	viernes	토요일	sábado
일요일	domingo		

sábado와 domingo를 제외하곤 전부 단, 복수 동일 형태이므로 정관사로 구분한다.

a) 요일을 묻고 답할 때는 의문사 qué와 ser 동사를 사용하여 표현하며 관사는 생략한다.

¿Qué día (de la semana) es hoy? 오늘은 무슨 요일입니까?

Hoy es domingo. 오늘은 일요일입니다.

b) 요일을 말할 때 필요한 표현들

'~요일에'라고 표현할 때는 전치사를 사용하지 않고 관사만을 쓴다.

Ellos van a llegar el sábado. 그들은 토요일에 도착할 것이다.

매주 ~요일에'라고 말할 때는 복수를 사용함으로써 표현할 수 있다.

Tengo clases privadas los miércoles.
나는 매주 수요일 개인 교습이 있다.

의미를 확실히 하고 강조하기 위해 todos los miércoles라고 표현하는 것이 일반적이다.

Él va a la iglesia todos los domingos.
그는 매주 일요일마다 교회에 간다.

같은 표현을 단수형으로 쓰면 '~요일 하루 종일'이란 의미가 된다.

Ella estudia en casa todo el jueves.
그녀는 목요일 하루 종일 집에서 공부한다.

그렇다면 '매일'이라는 표현은 어떻게 하면 될까? 또 '하루 종일'은 어떻게 표현할까? 날(하루)라는 뜻의 스페인어 단어는 día이다.

Leonardo reza todos los días. 레오나르도는 매일 기도한다.

Catalina limpia la casa todo el día.
까딸리나는 하루 종일 집을 청소한다.

주중은 entre semana, 주말은 fin de semana로 표현한다.

Todo el mundo debe trabajar entre semana.
주중에는 모든 사람이 일을 해야한다.

Pero el fin de semana puede descansar.
그러나 주말에는 쉴 수 있다.

도우미

빈도에 관한 표현을 연습해보자.

¿Con qué frecuencia haces ejercicio?	얼마나 자주 운동을 하니?
siempre	항상
con frecuencia (frecuentemente)	자주
a menudo	자주, 종종
a veces (de vez en cuando)	가끔
pocas veces (raras veces)	드물게
nunca	전혀(않다)

Juego al tenis a menudo y monto bicicleta a veces.
나는 테니스를 자주 치고 가끔 자전거를 탄다.
Pero nunca juego al béisbol. 하지만 야구는 전혀 않해.

2) 날짜

스페인어로 달의 명칭은 다음과 같으며 요일과 달리 보통 관사를 사용하지 않는다. 영어와는 달리 대문자로 사용하지 않는다.

enero 1월	febrero 2월	marzo 3월
abril 4월	mayo 5월	junio 6월
julio 7월	agosto 8월	septiembre 9월
octubre 10월	noviembre 11월	diciembre 12월

a) 날짜를 묻고 대답할 때는 다음과 같이 두 가지 표현이 가능하다.

¿Qué fecha es hoy? 오늘은 몇 일입니까?

Hoy es el cinco de diciembre de 2007.
오늘은 2007년 12월 5일입니다.

¿A cómo estamos hoy? 오늘은 몇 일입니까?

Estamos a quince de agosto de 2007.
오늘은 2007년 8월 15일입니다.

*1일(초하루)은 기수 uno를 쓸 수도 있고(스페인) 서수 primero를 쓸 수도 있다(중남미).

Hoy es el primero de junio. 오늘은 6월 1일이다.

Hoy es uno de enero. 오늘은 1월 1일이다.

b) 날짜 관련 표현

'~일에'라는 표현은 전치사를 사용하지 않고 날짜만 쓴다.

La fiesta empieza el 5 de mayo. 축제는 5월 5일에 시작한다.

그러나 날짜 없이 '~월에'라는 표현에는 전치사 en을 쓴다.

Podemos terminar ese proyecto en septiempre.
우리는 그 프로젝트를 9월에 끝낼 수 있다.

3) 날씨

날씨를 표현할 때는 hacer 동사의 3인칭 단수를 사용한 관용구로 표현한다.

¿Qué tiempo hace hoy? 오늘 날씨가 어떻습니까?
Hace buen tiempo. 날씨가 좋습니다.
Hace mal tiempo[11]. 날씨가 나쁩니다.
Hace fresco. 선선합니다.
Hace frío. 춥습니다.
Hace calor[12]. 덥습니다.
Hace sol. 해가 납니다.
Hace viento. 바람이 붑니다.

---

11) 웃는 얼굴에 침 못 뱉는다 라는 말이 있습니다. 스페인어로 A mal tiempo, buena cara 라고 합니다. 웃으면 복을 받는다고 하죠.

hacer 동사의 관용구를 사용하지 않고 날씨를 표현하는 경우도 있다.

Hoy nieva. (nevar 눈이 오다)	오늘 눈이 옵니다.
Va a llover. (llover 비가 오다)	비가 올 것입니다.
Está nublado.	구름이 끼였습니다.

4) 계절

la primavera 봄	el verano 여름
el otoño 가을	el invierno 겨울

Llueve[13)] mucho en verano.	여름에는 비가 많이 옵니다.
Nieva mucho en invierno.	겨울에는 눈이 많이 옵니다.

보통 계절을 나타낼 때 관사를 생략하나 특정한 계절을 말할 때는 관사를 붙인다.

en el otoño de 1985	1985년 가을에

---

12) 스페인은 지중해성 기후이다. 우리나라처럼 4계절의 구분이 뚜렷하지 않은 편이다. 마드리드나 Andalucía지역은 여름에 45도까지 올라가는 경우가 있다. 그럼에도 불구하고 그늘진 곳에 있으면 더위를 좀 피할 수 있다. 우리나라처럼 습기가 있는 더위(calor húmedo)가 아니라 건조한 더위(calor seco)이기 때문이다. 스페인 사람들이 차나 가정에 에어콘(aireacondicionado)을 설치한 것이 그리 오래되지 않은 것은 이러한 기후 덕분이다. 물론 Barcelona같은 곳은 우리나라처럼 습한 여름날씨이다.

13) 설상가상(雪上加霜)이란 말이 있습니다. 스페인어로 Llueve sobre mojado.라고 합니다. 젖은 곳 위에 비가 내린다 는 뜻입니다.

Diálogo

Andrea ¡Hola! Manuel.
Manuel ¿Cómo estás, Andrea? ¿Qué día es hoy?
Andrea ¿Qué te pasa, hombre? Hoy es viernes.
Manuel ¡Cierto! Mañana ya empieza el fin de semana.
Andrea ¿Qué haces el fin de semana?
Manuel Generalmente voy al parque el sábado para correr.
Pero no voy a ir este sábado, porque debo hacer unas cosas en casa.
Andrea ¿Qué cosas?
Manuel Debo limpiar la casa y lavar la ropa también.
Y tú, ¿qué haces el fin de semana?
Andrea Me gusta bailar por eso voy a ir a la discoteca por la noche.
Manuel Cuando vas a la discoteca, ¿vas sola o con tus amigas?
Andrea Si mis amigos quieren ir, voy con ellos.
Pero si no, voy sola también.
Manuel ¿Por qué no vienes conmigo esta noche a una fiesta?
Andrea ¿Qué fiesta?
Manuel La fiesta de cumpleaños de mi novia.
Andrea ¿Su cumpleaños es el cinco de mayo?
Manuel Sí, así es.
Debe de ser una fiesta magnífica.
Ella dice que va a gastar casi un millón de pesos para su fiesta.
Andrea Bien. Voy a ir contigo.

14) 파티에 흥을 돋구는 사람을 영어로는 the life of the party라고 한다. 파티 분위기를 깨는 사람은 흥미롭게도 물을 뿌리는 사람이다 즉 aguafiesta라고 한다. cenizo라는 표현도 비슷한 의미로 사용된다.

Ejercicios

1. 다음은 후안의 이번 주 계획표이다. 보기에 주어진 설명들이 사실 (verdadero)이면 (V)로, 거짓(falso)이면 (F)로 표시하시오.

	Lunes	Martes	Miércoles	Jueves	Viernes	Sábado	Domingo
mañana	dentista			examen oral	compras		
tarde							visitar el museo
noche		cine			discoteca		

1) El lunes por la mañana Juan tiene una cita con el dentista. ( )
2) El martes por la noche Juan va al teatro. ( )
3) El miércoles por la noche sale a cenar con María. ( )
4) El miércoles no sale a ninguna parte. ( )
5) El jueves por la tarde tiene un examen oral. ( )
6) El viernes por la noche va a una discoteca para bailar. ( )
7) El viernes por la mañana va de compras. ( )
8) El sábado por la tarde juega al tenis con sus amigos. ( )
9) El domingo visita el museo. ( )
10) El fin de semana Juan descansa en casa. ( )

2. 다음은 주말에 하는 일들이다. 각자 얼마나 자주 하는지 표시해보자. ( )안에 siempre, frecuentemente, a menudo, a veces, pocas veces, nunca 중에서 해당하는 빈도를 골라 쓰시오.

1) Estudio. ( )
2) No salgo de casa. ( )
3) Me levanto por la tarde. ( )
4) Duermo nueve horas. ( )
5) Voy al cine. ( )
6) Bebo vino. ( )
7) Bailo en una discoteca. ( )
8) Lavo la ropa. ( )

9) Limpio la casa. (   )
10) Ayudo a mi madre. (   )
11) Visito a mis abuelos. (   )
12) Juego al golf. (   )
13) Voy a la biblioteca. (   )
14) Veo la televisión. (   )
15) Preparo la comida. (   )

3. 다음 질문에 스페인어로 답하시오.

1) Hoy es martes. ¿Qué día es pasado mañana?

____

2) ¿A quién invitas en tu cumpleaños?

____

3) ¿Cuándo es el Día de la Independencia de Corea?

____

4. 다음의 숫자를 스페인어로 쓰시오.

1) Debo ahorrar ______________ (78만 4천 2백) euros en un año.

2) En mi universidad hay ______________ (232) chicas y _______ _______ (329) chicos.

3) Tengo ______________ (112) manzanas pero voy a regalar ______________ (38) a mi hermano.

Unidad 6.

Mi familia

부정사를 동반하는 동사들
동사 saber와 conocer
동사 parecer를 이용한 표현
재귀동사(2)
동사의 과거형(완료과거 단순형)

♣ 가족과 친척 관계의 어휘

¡Hola, Amigos!

Unidad 6.

Mi familia

Ideas básicas

1. Mi abuelo suele escribir a sus amigos.
   나의 할아버지는 친구들에게 편지를 쓰곤 한다.
2. Teresa sabe cocinar los tacos.
   떼레사는 따꼬를 요리할 줄 안다.
3. Tu hermano conoce bien esta ciudad.
   너의 형은 이 도시를 잘 알고 있다.
4. ¿Te parece que ella es culpable?
   네가 보기엔 그녀가 잘못한 것 같니?
5. Carolina se parece mucho a su madre.
   까롤리나는 어머니를 많이 닮았다.
6. Mi papá se pone el sombrero.
   아빠는 모자를 쓰신다.
7. Hoy me siento fenomenal.
   난 오늘 기분이 아주 좋아.
8. Ayer yo preparé la cena.
   어제 나는 저녁식사를 준비했다.

Más conocimientos

1. 부정사를 동반하는 동사들

다음의 동사들은 부정사를 동반하여 많이 사용되며 전치사 a, de 등을 부정사 앞에 취하는 경우도 있다.

deber: ~해야만 한다
desear: ~하는 것을 원하다
necesitar: ~하는 것이 필요하다
pensar: ~할 생각이다
preferir: ~하는 것을 선호하다
poder: ~할 수 있다
saber: ~할 줄 알다
soler: ~하곤 하다
aprender a: ~하는 것을 배우다
ayudar a: ~하는 것을 돕다
comenzar a: ~하는 것을 시작하다
empezar a: ~하는 것을 시작하다
enseñar a: ~하는 것을 가르치다
acabar de: 막 ~하다
tratar de: ~하려고 시도하다, 노력하다
dejar de: ~하는 것을 그만두다

El señor López acaba de llegar.
로뻬스씨가 막 도착하셨습니다.
Norma aprende a jugar al billar.
노르마는 당구치는 것을 배운다.
Mi tío me ayuda a hacer tarea.
나의 삼촌은 내가 숙제하는 것을 도와준다.
Ella comienza a cantar.
그녀는 노래부르기 시작한다.
Ellos deben terminar esto.
그들은 이것을 끝내야만 한다.
Mi padre deja de fumar. [15)]
나의 아버지는 담배를 끊으신다.
Yo deseo ir al parque.
나는 공원에 가고 싶다.

15) 2006년도 스페인 사회의 큰 변화는 공공장소에서 담배피우는 것이 금지되었다는 사실이다. Barajas 공항에 도착하면 느끼는 것 중의 하나가 독한 담배냄새였는데 이제 그 모습을 볼 수 없게 되었다. bar나 식당에서도 담배 피우는 것이 금지되었다. 2004년도에 아일랜드에서 처음으로 이러한 제도를 도입한 이후 세계의 많은 나라들이 이 운동에 동참하고 있다. 중남미에서는 처음으로 Uruguay가 2006년 3월 1일 Ley Antitabaco를 통과시켰다. 간접흡연자(fumador pasivo)의 피해도 보통이 아니라는 심각성도 최근에 와서 많이 알려지게 되었다.

Pedro empieza a hablar.
뻬드로는 말하기 시작한다.

Carlos nos enseña a nadar.
까를로스는 우리에게 수영하는 것을 가르쳐준다.

Los niños necesitan comer bien.
아이들은 잘 먹을 필요가 있다.

Yo pienso hacer eso hoy.
나는 그것을 오늘 할 생각이다.

Graciela prefiere ir al río.
그라시엘라는 강에 가는 것을 선호한다.

¿Puedo traer el coche aquí?
여기 차를 가져와도 되나요?

Ella sabe bailar el tango.
그녀는 탱고를 출 줄 안다.

Uds. suelen comer platos mexicanos.
당신들은 멕시코 음식을 먹곤 한다.

Ellos tratan de llegar a tiempo.
그들은 제 시간에 도착하려고 노력한다.

도우미

표현하고자 하는 의미에 따라 위의 동사군 중 두 개 이상을 연결해서 사용하는 것도 가능하다.

Deseo aprender a montar en bicicleta.
나는 자전거 타는 것을 배우고 싶다.

Queremos dejar de beber. 우리는 술을 끊고 싶다.

2. 동사 saber와 conocer

'알다'라는 의미의 불규칙 동사이며 다음과 같이 변화한다.

saber의 현재 변화

인칭 \ 수	단 수	복 수
1	sé	sabemos
2	sabes	sabéis
3	sabe	saben

conocer의 현재 변화

인칭 \ 수	단 수	복 수
1	conozco	conocemos
2	conoces	conocéis
3	conoce	conocen

이 두 동사는 똑같이 한국어로 '알다'라고 해석되나 그 정확한 의미에는 상당한 차이가 있다. 기본적으로 saber는 어떤 사실, 지식, 정보 등을 '알다'라는 의미이고 conocer는 경험, 감각 등에 의해 '인지하고 있다'라는 의미이다.

Rodrigo sabe hablar francés. 로드리고는 불어를 말할 줄 안다.
¿Sabe Ud. jugar al tenis? 당신은 테니스를 칠 줄 아십니까?
Sé que no vas a venir. 나는 네가 오지 않을 것임을 안다.
¿Conoce Ud. a Manolo? 당신은 마놀로를 아십니까?
Él conoce a Isabel. 그는 이사벨을(어떤 사람인 줄) 안다.
Conocemos Madrid. 우리는 마드리드를 안다(가보았다).

다음의 두 문장을 비교해보자.

- Juan sabe bien la historia de Europa.
  후안은 유럽의 역사를 잘 안다.
  ▸ 유럽 역사에 대한 지식이 많다는 의미

- Juan conoce bien la cultura oriental.
  후안은 동양문화를 잘 알고 있다.
  ▸ 동양문화가 어떤 것이라는 것을 잘 알고 있다는 의미

3. 동사 parecer를 이용한 표현

1) '~처럼 보이다' 혹은 '~같다(의견을 말할 때)'라는 표현을 할 때 동사 parecer를 사용한다. 2과에서 동사 gustar를 사용하여 '~를 좋아한다'라는 표현을 연습하였다. 문법적으로 parecer 동사도 이와 비슷하게 사용한다. 다시 말해 인칭대명사 간접 목적격과 같이 사용하여 의견의 주체를 나타낸다.

¿Te parece que Juan es inteligente?
너는 후안이 똑똑한 것처럼 보이니?

(네가 보기엔 후안이 똑똑한 것 같니?)
Me parece que Carolina viene ahora.
나는 까롤리나가 지금 올 것 같아.

3인칭의 경우 '그, 그녀, 당신' 모두 간접 목적대명사가 동일한 형태이므로 의미를 분명히 하기 위해 "전치사 a + 전치격 인칭 대명사"의 형태를 부가한다.

A él no le parece que Pilar es una buena estudiante.
그가 보기에 삘라르는 착한 학생 같지가 않다.
A ellos les parece que no está mal. 그들이 보기에 나쁘지 않다.
¿A Ud. le parece bien? 당신이 보기에 괜찮은 것 같은가요?
¿Qué les parece a Uds.? 당신들 보기엔 어떤가요?
A Eva le parece que vamos a ganar el partido.
에바가 보기에 우리가 경기를 이길 것 같다.

도우미

공부한 바와 같이 gustar와 parecer를 이용한 표현은 문법적으로 거의 비슷하다. 그러나 gustar와는 달리 parecer 동사를 이용한 표현에는 무인칭으로의 쓰임이 가능하다. 즉 확정된 주어가 있는 것이 아니라 '일반적으로 그렇다'는 의미를 갖게 된다.
무인칭 문장을 만들기 위해서는 인칭대명사 간접 목적격을 빼고 parecer만으로 문장을 만든다. 다음의 두 문장을 비교해보자.

Me parece que Guillermo no viene. 내가 보기엔 기예르모는 오지 않는다.
(남들의 의견과 상관없이 내 생각엔 오지 않는다는 의미)
Parece que Guillermo no viene. 기예르모는 오지 않을 것처럼 보인다. (일반적인 의견)

이런 식으로 무인칭 문장을 만드는 방법은 여러 가지가 있다. ser 동사를 사용하는 방법도 가능하다. 다음의 두 문장을 비교해 보자.

Ella necesita estudiar mucho. 그녀는 열심히 공부하는 것이 필요하다.
(다른 사람이 아닌 그녀가 열심히 공부할 필요가 있다)
Es necesario estudiar mucho. 열심히 공부하는 것이 필요하다.
(누구에게나 열심히 공부할 필요가 있다: 일반적 의미)

2) '~를 닮다'라는 표현을 할 때 parecerse a를 사용한다.

Magdalena se parece a su abuela.
막달레나는 그녀의 할머니를 닮았다.

Jorge se parece al escritor Juan Rulfo.
호르헤는 작가 후안 룰포를 닮았다.
Uds. dos se parecen mucho.[16)]
당신들 두 사람은 서로 많이 닮았군요.

4. 재귀동사(2)

재귀동사의 기본적인 의미와 형태에 대해서는 이미 4과에서 공부하였다. 본과에서는 재귀동사의 또 다른 용법을 익혀보자.

1) 자동사와 재귀대명사 se의 결합 형태

기본적으로는 의미를 강조하여 '~해 버리다'란 뜻이 된다.

morir 죽다	morirse 죽어버리다
dormir 자다	dormirse 잠들어버리다
ir 가다	irse 가버리다

Voy al parque. 나는 공원에 간다(도착지 중심: ~로 간다).
Se van todos. 모두 가버린다(출발지 중심: 여기서 떠나 버린다).

또는 원래 동사의 의미와는 다른 뜻으로 사용되는 동사들도 있다.

parecer ~처럼 보이다 parecerse a ~와 닮았다
Me parezco a mi abuelo. 나는 나의 할아버지를 닮았다.

2) 목적어를 취하는 재귀동사

다음의 재귀동사들은 목적어를 취한다.

quitar 치우다, 제거하다	quitarse 벗다(의복, 장신구 등을)
poner 두다, 놓다	ponerse 입다, 신다, 쓰다 (의복, 장신구 등을)
lavar 씻다, 닦다	lavarse 씻다(자신의 신체부분을)

Teresa pone el sombrero aquí. 떼레사는 모자를 여기에 둔다.

16) 부전자전(父傳子傳)이란 말이 있다. 스페인어로는 De tal palo, tal astilla라고 한다.

Carmen se pone el sombrero.	까르멘은 모자를 쓴다.
Ella quita el reloj de la mesa.	그녀는 탁자에서 시계를 치운다.
Ella se quita el reloj.	그녀는 시계를 푼다.(뺀다).
Uds. lavan los platos.	당신들은 접시를 닦는다.
Uds. se lavan las manos.	당신들은 손을 씻는다.

Uds. se lavan sus manos. 이런 표현은 올바르지 않다. 이미 재귀동사 lavarse는 자신의 신체를 씻는다는 의미이므로 소유 형용사와 같이 쓸 수 없다. 신체의 일부를 가르키는 표현에는 반드시 정관사를 사용한다.

Me lavo mis pies (틀린 문장)
Me lavo los pies. (옳은 문장)

3) 본래의 재귀동사

재귀 대명사 se 없이는 쓰이지 않는 동사들을 말한다.

arrepentirse de 후회하다	atreverse a 감히 ~하다
suicidarse 자살하다	burlarse de 비웃다
quejarse de 불평하다	

Voy a arrepentirme de ir allí.
나는 거기에 가는 것을 후회할 것이다.
Él se va a suicidar. 그는 자살할 것이다.
¿Cómo te atreves a hablar así?
어떻게 네가 감히 그렇게 말할 수 있느냐?
Ellos se burlan de nosotros.
그들은 우리를 비웃는다.
No me quejo de mi mala suerte.
나는 나의 불운에 대해 불평하지 않는다.

4) 서술보어를 취하는 재귀동사

서술보어로 명사, 형용사, 부사를 쓸 수 있다.

ponerse (~상태로) 되다, 변하다
hacerse (~이) 되다
volverse (~상태로) 되어 버리다, 변해 버리다.
sentirse (자기 자신을) ~상태라고 느끼다
llamarse (자기 자신을) ~라고 부르다: 이름을 말할 때의 표현

Me pongo rojo. 나는 얼굴이 빨개진다.

Ella quiere hacerse amiga de Rafael.
그녀는 라파엘의 친구가 되기를 원한다.

Fabiola se vuelve loca. 파비올라는 미쳐버린다.

No me siento bien hoy. 나는 오늘 기분이 좋지 않다.

Ella se llama Laura. 그녀는 라우라라고 한다.(이름이 라우라이다.)

5. 동사의 과거형 (완료과거 단순형)

한국어뿐 아니라 영어와 비교해도 스페인어의 과거형은 형태상으로도 여러 가지이며 또 그만큼 쓰임도 복잡하다. 특히 과거에 일어난 행위가 한순간에 끝난 경우(완료과거 단순형) '~하였다'의 의미와 지속적으로 계속 반복된 경우(불완료 과거) '~하고 있었다'의 의미를 잘 구별해서 사용해야 한다. 본과에서는 완료과거 단순형을 공부하기로 한다.

도우미

완료과거 단순형은 많은 문법책에서 '부정과거'라고 칭하는 것이다. 스페인 한림원에서는 직설법 부정과거라는 용어대신 '완료과거 단순형'(pretérito perfecto simple)이라는 용어를 사용하고 있다.

✿ 규칙동사의 완료과거 단순형

hablar		comer		vivir	
hablé	hablamos	comí	comimos	viví	vivimos
hablaste	hablasteis	comiste	comisteis	viviste	vivisteis
habló	hablaron	comió	comieron	vivió	vivieron

1) 과거 한 순간에 발생한 행위를 표현한다.

Ella me llamó por teléfono a las 7 de esta mañana.
그녀는 오늘 아침 7시에 내게 전화했다.

¿Qué comiste ayer? 어제 너는 무엇을 먹었니?

Paloma nació en el año 1979. 빨로마는 1979년에 태어났다.

2) 지속된 동작이나 상태라 할지라도 과거의 한정된 시간에 끝난 경우를 표현한다.

Trabajé en mi oficina por 5 horas. 나는 사무실에서 다섯 시간동안 일했다.

Ellos vivieron 3 años en Toledo. 그들은 똘레도에서 3년 살았다.

Expresiones

가족과 친척 관계의 어휘

abuelo 할아버지
abuela 할머니
tío 아저씨(부모의 남자형제, 부모의 여자형제의 배우자)
tía 아주머니(부모의 여자형제, 부모의 남자형제의 배우자)
padre 아버지
madre 어머니
esposo(marido) 남편
esposa(mujer) 부인
hermano 형, 오빠, 남동생(자신의 남자형제)
hermana 누나, 언니, 여동생(자신의 여자형제)
cuñado 처남, 매부(자신의 여자형제의 배우자, 배우자의 남자형제)
cuñada 처형, 처제, 형수, 제수(자신의 남자형제의 배우자, 배우자의 여자형제)
primo 남자 4촌 형제
prima 여자 4촌 형제
hijo 아들
hija 딸
yerno 사위
nuera 며느리
sobrino 남자 조카
sobrina 여자 조카
nieto 손자
nieta 손녀
suegro 장인
suegra 장모

Diálogo

Manuel	¿Por qué quieres ir a casa tan temprano hoy?
Gabriel	Es que hoy vienen mis abuelos a verme.
Manuel	¿No vives con tus abuelos?
Gabriel	No. Ellos viven con mis tíos. Pero suelen visitarme. ¿Conoces a mis abuelos?
Manuel	No, no los conozco. Sólo conozco a tus primos, los hijos de tu tío Francisco. Los conocí el verano pasado.
Gabriel	¿Te parece que son buena gente?
Manuel	Pues... no sé. ¿Qué son ellos?
Gabriel	Uno es abogado y el otro es arquitecto.
Manuel	Entonces, ¿qué vas a hacer mañana?
Gabriel	Pienso salir con mis abuelos si no hace mal tiempo.
Manuel	Si quieres, os puedo acompañar.
Gabriel	Me parece muy bien. ¿Sabes manejar el coche?
Manuel	Sí. ¿Por qué?
Gabriel	Verás. Tengo un coche. Mi cuñado me lo regaló, pero no sé manejarlo.
Manuel	Ningún problema. Yo manejo. ¿Y puedo ir con mi sobrina Alejandra? Ella conoce bien esta ciudad y trabaja como guía turística.
Gabriel	¡Claro! ¡Fenomenal! ¿Cuántos sobrinos tienes?
Manuel	Tengo doce sobrinos. Tengo dos hermanos y dos hermanas. Y cada uno tiene tres hijos.
Gabriel	Es una familia grande.
Manuel	Sí. Así es.
Gabriel	Mañana por la noche voy a hacer una fiesta de bienvenida para mis abuelos. Los invito también a Uds. Va a ser una fiesta magnífica.
Manuel	Muy bien. Entonces me pongo un traje bien elegante.
Gabriel	No van a arrepentirse. Se van a sentir muy bien.
Manuel	Bueno. Me voy.
Gabriel	Bueno. Yo también me voy. Adiós.

Ejercicios

1. 다음은 나의 가족과 친척을 설명한 것이다. 보기처럼 나와의 관계를 적으시오.

(보기) Es uno de los hijos de mis padres.	(hermano)

1) Es el marido de mi madre. ( )
2) Es una hermana de mi esposo. ( )
3) Es la madre de mi esposa. ( )
4) Es un hermano de mi madre. ( )
5) Es una hija de mi tío. ( )
6) Es un hijo de mi hija. ( )
7) Es el marido de mi hermana. ( )
9) Es el esposo de mi hija. ( )

2. 다음 질문에 스페인어로 답하시오.

1) ¿Cuándo te sientes triste?
2) ¿Te parece que Picasso es un buen pintor? ¿Y por qué?
3) ¿Qué tiempo hace hoy?
4) ¿Qué vas a hacer este verano?
5) ¿Cómo es tu familia?

3. 다음 문장에서 잘못된 곳을 찾아 바르게 고치시오.

1) Pedro nos va a enseñar tocar el violín.
2) Tú necesitas estudias mucho.
3) Marisol conoce a hablar japonés.
4) Me parezco que va a llover mañana.
5) Anoche va a comer frutas.
6) Hoy hacen frío.
7) Joaquín le muere de hambre.

Unidad 7. En el restaurante

인칭대명사의 직접 목적격
인칭대명사의 간접 목적격

♣ 식당에서 사용할 수 있는 어휘와 표현

¡Hola, Amigos!

Unidad 7. En el restaurante

Ideas básicas

1. ¿Nos invitas hoy a cenar?
   오늘 저녁식사에 우리들을 초대할거니?
2. Sí, os invito hoy a cenar.
   그래, 오늘 저녁식사에 너희들을 초대할께.
3. ¿Invitas también a Juan?
   후안도 초대하니?
4. Sí, voy a invitarlo.
   그래, 그를 초대하려고 해.
5. ¿Me puede traer el menú?
   저에게 메뉴를 주시겠어요?
6. Aquí lo tiene.
   그것(메뉴) 여기 있습니다.
7. ¿Qué me aconseja usted?
   내게 무엇을 권해 주시겠어요?
8. Le recomiendo una sopa de cebolla.
   당신에게 양파 수프를 추천합니다.
9. El camarero le trajo a ella la comida.
   웨이터는 그녀에게 음식을 가지고 왔다.
9. El camarero se la trajo.
   웨이터는 그에게 그것을 가지고 왔다.

Más conocimientos

1. 인칭대명사의 직접 목적격

인칭 \ 수	단 수	복 수
1	me 나를	nos 우리들을
2	te 너를	os 너희들을
3	le 그를, 당신을	les 그들을, 당신들을
3	lo 그를, 당신을, 그것을, 그 사실을	los 그들을, 당신들을, 그것들을
3	la 그녀를, 당신을, 그것을	las 그녀들을, 당신들을, 그것들을

도우미

중남미의 여러 국가에서는 "(남성) 당신을", "그를" 모두 lo로 사용하는 반면 스페인의 수도 마드리드(Madrid)를 포함한 까스띠야(Castilla) 지방에서는 "그를", "(남성) 당신을"의 직접 목적격의 경우 le를 사용하는 경향이 있다.

1) 용법

a. 직접 목적격 대명사는 일반적으로 동사 앞에 위치한다. 그러나 부정사(infinitivo) 구문의 경우 목적격 대명사를 본동사 뒤에 붙여쓰기도 하고 조동사 앞에 쓰기도 한다.

Quiero leer el periódico. 나는 신문을 읽고 싶다.

Quiero leerlo. 나는 그것을 읽고 싶다.

Lo quiero leer. 나는 그것을 읽고 싶다.

Los niños no pueden comprar cigarrillos.
어린이들은 담배를 살수 없습니다.

Los niños no pueden comprarlos.
어린이들은 그것을 살수 없습니다.

Los niños no los pueden comprar.
어린이들은 그것을 살수 없습니다.

b. 현재분사의 경우 조동사와 함께 쓰였을 때 목적격 대명사를 현재분사형 뒤에 붙여쓰기도 하고 조동사 앞에 쓰기도 한다(현재분사의 자세한 용법은 8과를 참조할 것).

Los estudiantes están leyendo novelas.
학생들은 소설들을 읽고 있는 중입니다.
Los estudiantes están leyéndolas.
학생들은 그것들을 읽고 있는 중입니다.
Los estudiantes las están leyendo.
학생들은 그것들을 읽고 있는 중입니다.

그러나 현재분사형이 단독으로 사용되는 경우는 목적격 대명사를 현재분사 뒤에 붙여 써야 한다.

Escuchando la música, Ana lee la novela.
그 음악을 들으면서 아나는 소설을 읽는다.
Escuchándola, Ana lee la novela.
그것을 들으면서 아나는 소설을 읽는다.

c. 긍정 명령형의 경우에는 명령형 동사의 뒤에 붙여 써야 한다. 그러나 부정 명령형이 되는 경우는 동사 바로 앞에 놓아야 한다. (명령법의 자세한 설명은 11과를 참조할 것)

Tome usted pan.[17]	빵을 드세요.
Tómelo usted.	그것을 드세요.
No lo tome usted.	그것을 드시지 마세요.

도 우 미

명사의 목적어를 동사보다 앞에 쓰는 경우 목적어를 강조하기 위함이며, 이때 목적격 대명사를 중복 사용해야 한다.

El ordenador lo compré en España.	나는 컴퓨터를 스페인에서 샀다.
A María la quiero.	나는 마리아를 사랑한다.

17) 우리 식단에 김치가 빠지면 어쩐지 허전한 느낌이 든다. 물론 젊은 세대는 햄버거와 같은 fast food(comida rápida)에 익숙해있는지도 모른다. 스페인 음식에는 빵이 빠질 수가 없다. 금강산도 식후경이라는 말이 있다. 또한 시장이 반찬이다 라는 표현도 자주 접하게 된다. 이 경우 스페인어로 A buena hambre, no hay pan duro.라는 표현을 쓴다. 배가 고프면 딱딱한 빵이 없다는 뜻 그 의미는 짐작이 될것입니다.

2. 인칭대명사의 간접 목적격

인칭 \ 수	단 수	복 수
1	me 나에게	nos 우리에게
2	te 너에게	os 너희들에게
3	le (se) 그에게, 그녀에게, 당신에게	les (se) 그에게, 그녀에게, 당신에게

1) 용법

a. 직접 목적격의 경우와 같이 일반적으로 간접 목적격도 동사 앞에 위치한다.

El camarero le recomienda (a Juan) una paella.
웨이터는 그(후안)에게 빠에야를 추천한다.

El profesor nos explica los ejercicios.
교수님은 우리들에게 연습 문제를 설명한다.

그러나 부정사(infinitivo) 구문의 경우 목적격 대명사를 본동사 뒤에 붙여쓰기도 하고 조동사 앞에 쓰기도 한다.

Ana quiere comprar una casa <u>a sus padres</u>.
아나는 부모님에게 집을 사드리기를 원한다.

Ana **<u>les</u>** quiere comprar una casa.
아나는 그들에게 집을 사주기를 원한다.

Ana quiere comprar**<u>les</u>** una casa.
아나는 그들에게 집을 사주기를 원한다.

¿Me puedes prestar mil euros?
나에게 1,000 유로를 빌려줄 수 있니?

Sí, te puedo prestar mil euros.
그래, 너에게 1,000 유로를 빌려줄 수 있어.

Sí, puedo prestarte mil euros.
그래, 너에게 1,000 유로를 빌려줄 수 있어.

b. 현재분사의 경우 조동사와 함께 쓰였을 때 목적격 대명사를 현재분사형 뒤에 붙여쓰기도 하고 조동사 앞에 쓰기도 한다.

El profesor está explicando la lección a los alumnos.
교수님은 학생들에게 학과를 설명하고 있는 중입니다.

El profesor les está explicando la lección.
교수님은 그들에게 학과를 설명하고 있는 중입니다.

El profesor está explicándoles la lección.
교수님은 그들에게 학과를 설명하고 있는 중입니다.

c. 긍정 명령형의 경우에는 명령형 동사의 뒤에 붙여 써야 한다. 그러나 부정 명령형이 되는 경우는 동사 바로 앞에 놓아야 한다.

Diga usted a Ana. 당신이 아나에게 말하세요.
Dígale usted. 당신이 그녀에게 말하세요.
No le diga usted. 당신이 그녀에게 말하지 마세요.

도우미

인칭대명사 간접 목적격의 중복형 – 대명사가 누구를 지칭하는지 명확히 밝히기 위해서는 중복형을 사용한다.

Ella le compra (a él) el libro. 그녀는 그에게 책을 사준다.
Él les regala (a ustedes) las flores. 그는 당신들에게 꽃을 선물한다.
El camarero les recomienda (a Juan y a Ana) un vino tinto.
웨이터는 후안과 아나에게 적색 포도주를 추천한다.

d. 인칭대명사 직접 목적격과 간접 목적격이 함께 올 때는 간접 목적격이 먼저 쓰인다.

Antonio me presta el cuaderno.
안또니오는 나에게 공책을 빌려준다.
Antonio me lo presta.
안또니오는 나에게 그것을 빌려준다.

e. 부정사, 현재분사 그리고 긍정 명령형의 경우 어미에 직접 목적격과 간접 목적격이 함께 올 때는 간접 목적격, 직접 목적격 순으로 붙여서 사용해야 한다.

Juan quiere regalarme un libro.
후안은 나에게 책을 선물하고 싶어한다.
Juan quiere regalármelo.
후안은 나에게 그것을 선물하고 싶어한다.
El profesor está enseñándome español.
교수님은 나에게 스페인어를 가르치고 있다.
El profesor está enseñándomelo.
교수님은 나에게 그것을 가르치고 있다.

Dígamelo usted.
그것을 나에게 말해주세요.

f. 인칭대명사 직접 목적격과 간접 목적격이 모두 3인칭이면 간접 목적격 le, les는 se로 바뀐다.

Nosotros le damos a Antonio un cigarrillo.
우리들은 안또니오에게 담배를 준다.
Nosotros se lo damos a Antonio.
우리들은 안또니오에게 그것을 준다.
Quiero regalar a Carlos el libro.
나는 까를로스에게 책을 선물하고 싶다.
Quiero regalárselo.
나는 그에게 그것을 선물하고 싶다.

Expresiones

* 식당에서 사용할 수 있는 어휘와 표현

1) 식사의 유형

la comida 식사
el desayuno 아침식사
el almuerzo 점심식사
la merienda (낮과 밤 사이의) 간식

la cena 저녁식사
el cubierto 일인분
el postre 후식, 디저트
el menú del día 정식(식당에서 준비한 그날의 정식)

2) 음식점 명칭

el comedor 식당
el bar 간이 식당
el restaurante 레스토랑
el restaurante chino 중국 음식점
el café 찻집, 간이 식당 (= la cafetería)
la taberna 술집, 주점

3) 식당 용품

la mesa del comedor 식탁
el mantel 식탁보
la servilleta 내프킨
el servilletero 내프킨을 넣어두는 통
el cuchillo 나이프
el cuchillo de mantequilla 버터 나이프
el tenedor 포오크
la cuchara 숟갈
la jarra 물 주전자
el plato 접시
el vaso 컵
la taza 잔
la copa 컵
el cubierto 한 사람분의 식기 한벌 (접시, 포오크, 나이프, 스푼)

4) 음식

el pan 빵
la tostada 토스트
el churro 츄러스 (튀긴 빵)
el bocadillo 샌드위치(= sándwich)

el queso 치이즈
el chocolate 쵸콜렛, 코코아
la aceituna 올리브 열매
la sopa de ostras/verduras 굴/야채 수프
el jamón 햄
el chorizo 순대, 쏘세지
la carne 고기, 육류
la ternera 송아지 고기
el cordero(=carnero) 양고기
la panceta 삼겹살
la croqueta 크로켓
la hamburguesa 햄버거
la carne asada 구운 고기
la barbacoa 바비큐
el pescado 생선 (요리)
la salsa 소스

la mantequilla 버터
la sopa 수프
la ensalada 샐러드
la paella 파에야(쌀, 야채, 해물, 고기 등을 넣은 복음밥)
la salchicha 쏘세지
la morcilla 선지를 넣은 순대
la vaca 암소 고기
la chuleta 커틀렛, 갈비
el cerdo 돼지 고기
el bistec, el biftec 비프스테이크
la albóndiga 고기 단자
el solomillo 등심
la carne a la parrilla 석쇠구이 고기
el pollo 닭고기
el pulpo 문어 요리

5) 음료

el café solo 블랙 커피
el agua mineral 광천수
el refresco 음료수
el vino 포도주
el café con leche 밀크 커피

el té 차
la leche 우유
la cerveza 맥주
el champán 샴페인
el zumo de naranja 오렌지 쥬스

la sangría 상그리아(포도주에 여러 과일을 넣어 혼합한 칵테일)

도우미

음식은 대표적인 문화적 산물이다. 따라서 각 나라마다 특징적인 음식이 존재하며 그와 비슷한 음식을 다른 나라에서 볼 수는 있으나 사용하는 재료, 조리 방법 혹은 먹는 방법에서 조금씩 다르고 또한 명칭 역시 상이하다. 위에 나열된 음식 명은 스페인의 요리들이다.

Tengo buen apetito.
나는 식욕이 대단하다.

¡Camarero, por favor! ¿Me puede traer el menú?
웨이터, 내게 메뉴 판을 주시겠어요?

Un momento, aquí lo tiene.
잠시만요, 여기 있습니다.

¿Cuál es la especialidad de este restaurante?
이 식당의 주요리는 무엇입니까?

Es paella valenciana.
발렌시아식 빠에야입니다.

¿Qué van a comer?
무엇을 드시겠습니까?

Yo, de primero, una ensalada y, de segundo, el bistec.
나는 전식으로 샐러드 그리고 본 메뉴로 비프스테이크를 먹겠습니다.

¿Cómo desea Ud. el bistec?
비프스테이크는 어떻게 익혀드릴까요?

Lo quiero crudo / hecho / muy hecho.
살짝 / 적당히 / 바싹 구운 것이 좋습니다.

Para mí, paella y pescado.
나는 빠에야와 생선 요리를 먹겠습니다.

¿Qué clase de pescado tienen Uds.?
생선은 어떤 것이 있습니까?

Salmón y lenguado.
연어와 혀넙치가 있습니다.

Tomaré lenguado, por favor.
혀넙치를 먹겠습니다.

¿Y para beber?, ¿vino tinto o blanco?
마실 것은 무엇으로 하시겠어요? 적색 포도주 또는 백포도주로 하시겠어요?

Media botella de vino blanco.
백포도주 반병 주세요.

¿Nos trae una botella de agua mineral sin gas / con gas, por favor?
우리에게 가스 없는 / 가스 있는 광천수 한 병을 주시겠어요?

¿Me trae un poco de pan, por favor?
나에게 약간의 빵을 주시겠어요?

Buen provecho.
많이 드세요(= Que aproveche).

¿Cómo encuentra Ud. la carne?
고기 맛이 어떻습니까?

Está buena y tierna.
맛이 좋고 연합니다.

Está delicioso.
맛이 좋습니다.

De postre, ¿qué quiere usted?
후식으로 무엇을 원하세요?

Tarta de manzana y un café con leche.
사과 파이와 밀크 커피를 주세요.

¿Quiere Ud. té o café?
홍차를 드시겠습니까, 커피를 드시겠습니까?

Café, por favor.
커피로 주세요.

No me importa cuál.
아무 거라도 좋습니다.

Lo mismo me da. Me es / da igual.
내게는 똑같습니다 (아무 거라도 좋습니다.)

¿Algo más?
더 필요한 게 있나요?

No, nada más. Gracias.
아니오. 더 필요한 것이 없어요. 고맙습니다.

No puedo comer más.
더는 못 먹겠습니다.

He comido bastante.
실컷 먹었습니다.

¡Oiga, camarero! la cuenta, por favor.
웨이터, 계산서를 주세요.

¿Me cobra usted?
돈 받으세요.

Aquí tiene 50 euros. Quédese con la vuelta (= el cambio).
여기 50 유로 있습니다. 잔돈은 가지세요.

Déjame pagar mi parte.
제 몫은 제가 계산하겠습니다.

Te invito a la cena.
내가 네게 저녁 살께.

Hoy invito yo.
오늘은 내가 낼게.

Diálogo

Juan ¡Por favor! ¿Tienen una mesa libre?

Camarero Sí, la mesa del rincón está libre.

Juan ¡Camarero, por favor! ¿Me puede traer el menú?

Camarero Aquí lo tiene. ¿Qué desea comer?

Juan De primero, una paella valenciana.
De segundo, no sé qué comer. ¿Qué me aconseja usted?

Camarero Le recomiendo un cordero asado. Es especialidad de la casa.

Juan Bien, de acuerdo. Voy a tomarlo, de segundo.

Camarero Y de postre, ¿qué quiere usted?

Juan Fruta del tiempo.

Camarero ¿Y para beber?

Juan Una botella de vino tinto de la casa.

Ejercicios

1. 다음은 스페인 식당의 메뉴 판이다. 메뉴 판을 보고 웨이터에게 먹고 싶은 음식을 주문해 보시오.

	Casa Félix
	Menú
Primero	Sopa de verduras
	Sopa de cebolla
	Judías verdes
	Espárragos
	Ensalada rusa
	Paella valenciana
Segundo	Filete con patatas fritas
	Pollo con patatas fritas
	Cordero asado
	Trucha
	Merluza a la romana
	Tortilla a la española
Postre	Flan/Helado/Café con leche
	20 euros (IVA incluido)

2. 다음의 A와 B의 각 표현을 연결하여 논리적인 대화를 만드시오.

A

1) ¡Por favor! ¿Me trae el menú? ( )
2) ¿Qué me recomienda usted? ( )
3) De beber, ¿qué desea tomar? ( )
4) La cuenta, por favor. ( )
5) ¿Qué van a tomar de postre? ( )

B

a. Vino de la casa.
b. Aquí la tiene.
c. Yo, helado. Y yo, un flan.
d. Aquí lo tiene.
e. Le recomiendo una paella valenciana.

3. 다음 밑줄에 알맞은 인칭 대명사의 직접 목적격 또는 간접 목적격을 써넣으시오.

1) Mi amigo invita a Juan y a María.
   Mi amigo ______ invita a Juan y a María.
2) Juan quiere comprar a su mamá un vestido.
   Juan quiere comprar______.
3) Los padres les regalan a los niños los juguetes.
   Los padres ______ ______ regalan.
4) El profesor explica a nosotros que España es un país muy bonito.
   El profesor ______ ______ explica.
5) Mañana os devuelvo el dinero.
   Mañana ______ ______ devuelvo.
6) Antonio y Ana les recomiendan este hotel.
   Antonio y Ana ______ ______ recomiendan.
7) El camarero trae a Antonio una caña.
   El camarero ______ ______ trae.
8) Nosotros estamos esperando el autobús.
   Nosotros ______ estamos esperando.
9) Luis está leyendo el periódico.
   Luis está leyéndo______.
10) El profesor le pregunta la lección al alumno.
   El profesor ______ ______ pregunta.

Unidad 8. De compras

현재분사 : 형태와 용법
관계사 : 관계 대명사
비교어

♣ 쇼핑과 관련된 어휘 및 표현

¡Hola, Amigos!

Unidad 8. De compras

Ideas básicas

1. ¿Qué está haciendo José?
   호세는 무엇을 하고 있는 중입니까?
2. José está llamando por teléfono a su amigo.
   호세는 자기 친구에게 전화하고 있는 중입니다.
3. Tenemos que seguir bajando por la escalera.
   우리는 계속 계단을 내려가야만 합니다.
4. Pagando en efectivo puede recibir el 5% de descuento.
   현찰로 지불하시면 5%의 할인을 받을 수 있습니다.
5. Me gustan los zapatos negros que están en el escaparate.
   나는 쇼윈도우에 있는 검은 구두가 좋습니다.
6. Tengo una hermana, quien trabaja en esa zapatería.
   나는 누나가 하나 있는데 그 누나는 그 구두점에서 일합니다.
7. Los que trabajan en esa tienda son muy astutos.
   그 가게에서 일하는 사람들은 아주 똑똑합니다.
8. No me gusta lo que compraste ayer.
   네가 어제 산 것은 내 마음에 않 들어.
9. Generalmente el oro es más caro que la plata.
   보통 금은 은보다 더 비싸다.

Más conocimientos

1. 현재분사: 형태와 용법

1) 현재분사 (Gerundio)

a. 규칙 형태 : 동사 어미가 ~ar로 끝나면 ~ando로 바꾸고, ~er, ~ir로 끝나면 ~iendo로 바꾸어 현재분사를 만든다.

hablar - hablando
comer - comiendo
vivir - viviendo

b. 불규칙 형태 : 세 유형으로 나눌 수 있다.

– 어간 모음 e가 i로 바뀌는 동사들

decir	⇒	diciendo	말하다
pedir	⇒	pidiendo	요구하다
venir	⇒	viniendo	오다
servir	⇒	sirviendo	봉사하다
sentir	⇒	sintiendo	느끼다
preferir	⇒	prefiriendo	좋아하다
repetir	⇒	repitiendo	반복하다

– 어간 모음 o가 u로 바뀌는 동사들

dormir	⇒	durmiendo	자다
morir	⇒	muriendo	죽다
poder	⇒	pudiendo	할 수 있다

– ~iendo 대신에 ~yendo를 사용하는 단어들이 있다.

caer	⇒	cayendo	넘어지다
creer[18]	⇒	creyendo	믿다
construir	⇒	construyendo	건설하다

18) 百聞이 不如一見이라고 한다. 스페인어로는 Ver es creer.라고 한다. 영어의 경우에도 Seeing is believing.이라는 표현이 있다.

huir	⇒	huyendo	도망가다
leer	⇒	leyendo	읽다
oír	⇒	oyendo	듣다
traer	⇒	trayendo	가져오다

도우미

ir 동사의 현재 분사형이 yendo가 되는 것은 특별히 예외적인 경우이다.

c. 용법

– estar 동사와 함께 현재 진행형을 만든다. 즉, "~하고 있는 중이다"라고 말할 때 사용한다. 스페인어의 현재 동사 및 불완료 과거 동사로 각기 현재와 과거의 진행 행위를 표현할 수 있으므로 영어만큼 많이 사용되지는 않는다.

¿Qué estás haciendo?	너는 지금 무엇을 하고 있는 중이니?
Estoy llamando por teléfono.	전화를 걸고 있는 중이야.
¿Qué hace usted ahora?	지금 무엇을 하고 있습니까?
Leo un periódico.	신문을 읽고 있습니다.

– ir(가다), seguir(계속하다), venir(오다), continuar(계속하다), llevar(가지고 가다), andar(걷다, 다니다) 등의 동사와 함께 쓰여 진행중인 동작을 나타낸다.

Va anocheciendo.
점점 어두워진다.
Sigue estudiando en la misma universidad.
그는 같은 대학에서 계속 공부하고 있다.
Los borrachos vienen cantando.
술 취한 사람들이 노래하면서 온다.
Continúa lloviendo.
계속 비가 내리고 있다.
Llevo viviendo 8 años en Madrid.
나는 마드리드에서 8년째 살고 있다.
Anda diciendo que se va a casar.
그는 결혼할 것이라고 말하면서 다닌다.

– 조건, 양보, 이유, 때 등을 나타내는 구를 형성한다.

Corriendo mucho, podemos llegar a tiempo a la estación.
열심히 뛰면 우리들은 제시간에 역에 도착할 수 있다.

Siendo pobre, él gasta mucho dinero.
가난하면서도 그는 많은 돈을 쓴다.

Estando yo presente, no van a cometer esa tontería.
내가 있는 이상 그들은 그런 바보짓은 하지 않을 것이다.

Estando yo en España, tuvo lugar la Olimpiada.
내가 스페인에 있었을 때 올림픽이 열렸다.

2. 관계사(Relativos): 관계 대명사

관계사는 접속사의 일종으로 관계절을 이끈다. 관계절은 형용사나 형용사구가 표현하지 못하는 내용을 문장의 형태로 명사나 대명사를 수식하는 형용사절이다. 관계 대명사는 다음의 4가지 사항을 주의해야 한다: (1) 선행사가 문중에 나타나 있는 경우와 나타나 있지 않은 경우가 있다; (2) 용법으로 제한적 용법과 설명적 용법이 있다; (3) 관계사의 격은 주격, 직접 목적격, 간접 목적격, 전치사격이 있다; (4) 영어는 관계 대명사를 생략하는 경우가 많지만 스페인어는 생략이 불가능하다.

1) que

사람과 사물에 쓰이며 성, 수 변화를 하지 않는다. 문장의 내용에 따라 전치사를 동반하기도 한다.

El coche que compré está allí. 내가 산 차는 저기 있다.

Ellos tienen un coche que gasta mucha gasolina.
그들은 휘발류가 많이 소비되는 차를 가지고 있다.

El bolígrafo con (el) que escribo es un regalo de mi novia.
내가 쓰고 있는 볼펜은 애인으로부터 받은 선물이다.

La casa en (la) que vivimos está cerca del centro.
우리가 살고 있는 집은 시내 근처에 있습니다.

Los problemas sobre los que estamos hablando tienen solución.
우리가 말하고 있는 문제들은 해결책이 있다.

도우미

관계 대명사 que가 사람에 사용될 때는 주격과 직접 목적격의 경우이다. 그러나 직접 목적격의 경우라도 전치사 a를 사용하지는 않는다.

La señora que vimos un poco antes es profesora de español.
우리가 조금 전에 본 부인은 스페인어 선생님이다.

도 우 미

관계 대명사가 이끄는 관계절은 제한적 용법과 설명적 용법으로 나눌 수 있다:

- 제한적 용법: 관계절이 선행사를 구체화시키고 한정한다.

  Los alumnos que viven lejos llegan tarde.[19]
  멀리 살고 있는 학생들은 늦게 도착한다.
  (즉 멀리 살고 있지 않은 학생들이 있을 가능성이 있다.)

- 설명적 용법: 관계절이 선행사 전체를 언급하여 설명한다.

  Los alumnos, que viven lejos, llegan tarde.
  학생들은 모두 멀리 살고 있어서 늦게 도착한다.

2) quien(quienes)

사람에게만 사용하며 설명적 용법으로만 쓰인다. 남, 여성이 따로 없고 단수, 복수형은 있다. 문장의 내용에 따라 전치사를 동반하기도 한다. "~하는 사람"의 표현으로 선행사가 내장되어 사용되기도 한다.

Mi primo, quien es ingeniero, trabaja en el instituto universitario.
나의 사촌은 기사인데 대학의 연구소에서 일하고 있다.

La señorita con quien hablo es la novia de mi amigo.
내가 이야기하고 있는 아가씨는 내 친구의 애인이다.

Quien habla mucho, poco piensa.
말을 많이 하는 사람은 그다지 생각을 안 한다.

도 우 미

영어와 같이 "사람 + quien"의 형태로는 사용하지 않는다.

The man *who* speaks Spanish.
El hombre *quien* habla español. (x)
El hombre que habla español. (o)

3) el que (la que, los que, las que)

사람과 사물인 경우 모두 사용되며 정관사로 성 · 수의 변화를 표시한다. 전치사를 동반하여 사용할 수 있다. quien과 마찬가지로 선행사의 의미가 내포되어 있을 때도 쓰인다.

19) 영어와 스페인어의 표현에는 상당한 차이가 있습니다. '조만간' 이라는 뜻으로 sooner or later라는 비교급을 사용한 표현이 쓰이는 반면에 'tarde o temprano' 와 같이 원급이 그대로 사용됩니다.

El bosque dentro del que descansan tiene muchos pinos.
그들이 쉬고 있는 숲 속에는 소나무가 많이 있다.

Estos zapatos son caros, pero los que están en el escaparate son mucho más caros.
이 구두들은 비싸다. 그러나 쇼윈도우에 있는 것들은 훨씬 더 비싸다.

Las manzanas que hay en el árbol están aún verdes, pero las que están en el frutero están ya maduras.
나무에 달린 사과들은 아직 덜 익었지만 과일 접시에 있는 사과들은 이미 익었다.

4) el cual (la cual, los cuales, las cuales)

정관사로 성 · 수의 변화를 표시한다. cual은 선행사에 따른 성 변화는 없고 수 변화는 있다(cuales). 선행 명사가 두 개 이상인 경우 어떤 것이 선행사인지 확실히 할 필요가 있을 때 사용한다.

La casa dentro de la cual se celebra la fiesta pertenece a María.
안에서 파티를 하고 있는 집은 마리아의 소유이다.

La hermana de Miguel, la cual sale mañana, visita a su amigo.
미겔의 여동생은 아침에 나가 자기 친구를 방문한다.

5) lo que, lo cual

선행문 전체 혹은 일부를 받는 것으로서 "이러한 것"이라는 의미를 갖는다. 선행문 없이 독립적 용법으로 쓰일 때는 lo cual이 아닌 lo que를 사용한다.

Los hijos llegan a tiempo a casa, lo que (lo cual) les agrada a sus padres.
아이들이 제 시각에 집에 도착하고 그러한 사실이 그들의 부모님을 기쁘게 한다.

Lo que me encanta es esto.
내가 아주 좋아하는 것은 이것이야.

3. 비교어(Vocablos comparativos)

1) 형용사 비교

형용사의 비교에는 우등 비교급, 열등 비교급, 우등 최상급, 열등 최상급 그리고 절대 최상급(10과 참조)이 있다.

a. 우등 비교급 = más **+ 형용사 + que**로 구성된다.

María es más simpática que Ana.
마리아는 아나보다 더 마음씨가 좋다.

Juan es más inteligente que Pedro.
후안은 뻬드로보다 더 영리하다.

b. 열등 비교급 = **menos + 형용사 + que**로 구성된다.

Su hijo es menos alto que mi hija.
그의 아들은 나의 딸보다 덜 크다.

Mi padre es menos gordo que yo.
나의 아버지는 나보다 덜 뚱뚱하다.

c. 우등 최상급 = **정관사(el/la) + más + 형용사 + 전치사(de, entre)**로 구성된다.

Este coche es el más caro de todos.
이 차는 모든 차들 중에 가장 비싸다.

Juana es la más bonita entre sus amigas.
후아나는 자기 친구들 중에서 가장 예쁘다.

d. 열등 최상급 = **정관사(el/la) + menos + 형용사 + 전치사(de, entre)**로 구성된다.

Ella es la menos alta de la clase.
그녀는 교실에서 가장 키가 작다.

Este jardín es el menos hermoso entre[20] todos.
이 정원은 모든 정원들 중에서 가장 예쁘지 않다.

e. 동등 비교급 = **tan + 형용사 + como**로 구성된다.

Juan es tan alto como su hermano.
후안은 자기 형만큼 키가 크다.

Tu hija es tan inteligente como la mía.
너의 딸은 나의 딸만큼 똑똑하다.

2) 명사의 비교

명사의 비교에는 más , menos와 tanto가 사용되는데, tanto는 성 · 수 변화를 한다.

a. 우열의 비교 = **más/menos + 명사 + que**로 구성된다.

Antonio tiene más libros que yo.
안또니오는 나보다 책을 더 많이 가지고 있다.

Yo tengo menos libros que mi profesor.
나는 나의 선생님보다 책을 덜 가지고 있다.

---

20) '우리끼리 얘기지만' 하면서 약간 사적인 내용을 얘기하고 싶을 때가 있습니다. 이 경우에 영어와 스페인어의 표현에 상당한 차이가 나타납니다. 스페인어에서는 Entre nosotros를 쓰는 반면에 영어에서는 Between ourselves를 사용합니다. 또한 스페인어에서는 Entre tú y yo를 쓰는 반면에 영어에서는 Between you and me를 사용합니다. 비슷한 의미의 전치사인 것 같지만 뒤에 오는 대명사의 체계가 전혀 다른 것을 알 수 있습니다.

b. 동등 비교 = **tanto + 명사 + como**로 구성된다.

Ana tiene tantos cuadernos como su hermana.
아나는 자기 여동생만큼 공책을 가지고 있다.

Tengo tantos problemas como tú.
나는 너만큼 문제를 가지고 있다.

c. más/menos de **+ 수량**은 "~이상 / ~이하"의 의미를 가진다.

Mi profesor tiene más/ menos de mil libros.
나의 교수님은 천 권 이상/ 이하의 책을 가지고 계신다.

3) 부사의 비교

a. 우열의 비교 = más/menos **+ 부사 +** que로 구성된다.

Puedo correr más rápido que tú.
나는 너보다 더 빨리 달릴 수 있다.

Ayer me levanté menos tarde que hoy.
어제는 오늘보다 덜 늦게 일어났다.

b. 동등 비교 = **tan + 부사 + como**로 구성된다.

Pedro corre tan rápido como Antonio.
뻬드로는 안또니오만큼 빨리 달린다.

Mi amigo habla español tan bien como cualquier español.
내 친구는 그 어떤 스페인 사람만큼 스페인어를 잘 말한다.

c. 최상급 = (el que + **동사**) + más/menos **+ 부사 +** de로 구성된다.

Este deportista es el que corre más rápido de todos.
이 운동선수가 모든 사람들 중에서 가장 빠르게 뛰는 사람이다.

4) 불규칙적인 비교급

형용사	부 사	비교급
bueno 좋은	bien 잘	mejor 더 잘
malo 나쁜	mal 나쁘게	peor 더 나쁘게
grande 큰	–	mayor, más grande 더 큰
pequeño 작은	–	menor, más pequeño더 작은

a. mejor와 peor 사용법
– 형용사로 사용되어 성 변화 없이 수 변화만 한다.

Esta cama es mucho mejor que aquélla.
이 침대는 저 침대보다 훨씬 더 좋다.

– 부사로도 사용된다.

Juan trabaja peor que tú. 후안은 너보다 일을 못한다.

– 최상급을 표시할 때는 관사를 사용한다.

Es el mejor estudiante de la escuela.
그는 학교에서 가장 훌륭한 학생이다.

Es el peor hotel de la cuidad.
시에서 가장 나쁜 호텔이다.

b. mayor와 menor 사용법

– grande와 pequeño는 두 개의 비교급 형태를 가질 수 있다. 하나는 más를 붙여서 비교급을 만드는 방법인데 주로 크기를 비교할 때 쓰인다. 또 다른 하나는 mayor와 menor를 사용하는 것인데 연령을 비교할 때 주로 사용한다.

España es más grande que Corea.
스페인은 한국보다 더 크다.

Corea es más pequeño que México.
한국은 멕시코보다 더 작다.

Yo soy mayor que tú.
나는 너보다 나이가 많다.

Ella es menor que nosotros.
그녀는 우리들보다 어리다.

– 최상급을 표시할 때는 관사를 사용한다.

Carmen es la hermana mayor de su familia.
까르멘은 장녀이다.

¿Eres tú el menor de los hermanos?
네가 형제들 중에서 가장 어리니?

Expresiones

*** 쇼핑과 관련된 어휘 및 표현**

la fabricación 제조
el comercio 상업, 장사
la venta 판매
la liquidación 청산
la tarjeta de crédito 신용카드
a plazos 할부로
el contrato 계약(서)
el catálogo 카탈로그
el dependiente 종업원
(= el empleado, la empleada)
el almacén 창고
la vitrina 진열장
el escaparate 쇼윈도우
el centro comercial 쇼핑센터

la marca 상표
la compra 구입
la demanda 수요
la oferta(=rebaja) 세일
al contado 현금으로
el precio 가격
la muestra 견본
el/la negociante 상인
la tienda 상점
grandes almacenes 백화점
el mostrador 카운터
la agencia 대리점

¿En qué puedo servirle?
무엇을 도와 드릴까요?

¿Tienen camisas?
셔츠 있습니까?

¿Tiene Ud. corbatas?
넥타이 있습니까?

Sí, tenemos un gran surtido de todos los gustos y estilos.
네, 다양한 취향과 스타일을 다 갖추고 있습니다.

¿De qué color quiere la corbata?
어떤 색깔의 넥타이를 원하시나요?

La quiero verde.
초록색 넥타이를 원합니다.

Es demasiado clara / oscura.
너무 화려하군요. / 너무 어둡군요.

Ésta no es de mi gusto.
이것은 내 취향에 맞지 않아요.

¿Puede mostrarme otra de la misma calidad?
같은 질로 다른 것을 보여 주시겠어요?

Este estilo está de moda ahora.
지금은 이 스타일이 잘 나갑니다. (유행입니다.)

¿De qué fabricación es este reloj?
이 시계는 어디제 입니까?

Es de fabricación suiza.
스위스제 입니다.

Este reloj le sienta a Ud. muy bien.
이 시계는 당신에게 아주 잘 어울립니다.

¿Cuánto cuesta / vale / es?
얼마입니까?(= Qué precio tiene?)

8 mil euros. 8천 유로입니다.

Es demasiado caro para mí.
내게는 너무 비싸군요.

¿Puede mostrarme algo más barato?
더 싼 것으로 보여주시겠어요.

Vale. Me lo llevo.
좋아요. 사겠어요.

¿Algo más, señora?
부인, 더 필요한 것이 있나요?

No, nada más. Gracias.
아니오, 더 필요 없어요. 고맙습니다.

¿Qué desea usted?
무엇을 원하세요?

Quiero comprar unos zapatos y un bolso.
구두와 핸드백을 사려고 합니다.

Tenemos varios modelos y algunos en oferta.
우리 가게는 여러 모델을 가지고 있고, 어떤 것은 할인 중입니다.

¿Qué le parece este modelo?
이 모델은 어떠세요?

¿Está de moda este color?
이 색깔이 유행하고 있습니까?

¿Puedo probarme los zapatos a ver cómo me quedan?
내게 잘 맞는지 그 구두를 신어봐도 될까요?

Me están un poco pequeños(grandes).
내게 좀 작군요(크군요).

Por desgracia el número mayor está agotado.
불행히도 큰 사이즈가 떨어졌네요.

Quiero comprar unos pantalones.
바지를 사고 싶은데요.

¿De qué talla?
싸이즈가 어떻게 되나요?

La 40.
40 싸이즈입니다.

¿Puedo probarme los negros?
검은색 바지를 입어볼 수 있을까요?

¿Cómo le quedan?
어떠신가요? (당신에게 맞는가요?)

Me quedan bien.
내게 잘 맞는군요.

¿Me puede usted hacer un poco de descuento?
조금만 할인해 주실 수 있나요?

¿Me puede usted regatear?
할인해 주실 수 있습니까?

Aquí se vende a precio fijo.
여기는 정찰제입니다.

Nuestros precios son fijos.
우리의 가격은 정찰제입니다.

Me quedo con esto.
이것을 사겠습니다.

¿Paga con dinero (= en efectivo, al contado) o con tarjeta de crédito?
현찰로 지불하시겠어요, 신용 카드로 지불하시겠어요?

Con dinero. Aquí tiene.
현찰로 사겠습니다. 여기 있어요.

Envuélvamelo, por favor.
제게 그것을 포장해 주세요.

Diálogo

Dependiente	Buenos días, señora. ¿Qué desea?
Carmen	Quiero comprar unos zapatos. Me gusta el modelo que tienen en el escaparate.
Dependiente	¿Qué número calza usted?
Carmen	El 38.
Dependiente	Creo que de ese modelo sólo tenemos números pequeños. A ver cómo le quedan estos zapatos marrones.
Carmen	Me están un poco pequeños. ¿No tienen otro número mayor?
Dependiente	No, lo siento. Pero aquí tengo unos azules que están muy bien de precio. Ahora están rebajados.
Carmen	El color no me gusta.
Dependiente	Pues, ¿qué le parece aquel modelo?
Carmen	No, gracias. No me gusta. Muchas gracias por todo. Perdone por la molestia. Adiós.
Dependiente	¡No importa! Adiós.

Ejercicios

1. 괄호 안의 동사 원형을 문장에 맞게 변화시키시오.

1) Juan y María están __________ (nadar) en la piscina.
2) La señora está __________ (ver) la película.
3) Los alumnos están __________ (corregir) las faltas.
4) ¿Están ustedes __________ (arreglar) la habitación?
5) Ella está __________ (saludar) a los invitados.
6) ¿Qué estás __________ (hacer) aquí?
7) Carmen está __________ (dormir) en la sala.

2. 관계 대명사 que를 사용하여 다음과 같이 표현해 보시오.

(보기) Tengo un reloj. No funciona bien.
Tengo un reloj que no funciona bien.

1) Me gustan los zapatos azules. Están en el escaparate.

____

2) Aquel señor es director de cine. Fuma en pipa.

____

3) Estoy leyendo un libro. Es muy interesante.

____

4) Tengo un hermano. Vive en Madrid.

____

5) Ella es una actriz. Me gusta mucho.

____

3. 다음의 보기와 같이 비교급 표현을 만들어 보시오.

(보기) Este coche es potente. / aquél.
Sí, pero aquél es más potente que éste.

1) Esta niña es simpática. / ésa.

____

2) Estos chicos son trabajadores. / aquéllos.

____

3) Este zapato es grande. / aquél.

____

4) Este edificio es alto. / aquél.

____

5) Esta pensión es barata. / aquella.

____

LOS GALLOS

Unidad 9. ¿Qué tal el viaje?

완료과거 단순형

불완료 과거

과거분사

부정어

♣ 여행과 관련된 어휘 및 표현

¡Hola, Amigos!

Unidad 9. ¿Qué tal el viaje?

Ideas básicas

1. ¿Qué tal el viaje? Muy mal. Tuve muy mala suerte.
   여행 어땠니? 아주 나빴어. 매우 운이 없었어.
2. ¿Qué te pasó? No pude llegar a mi pueblo natal por la lluvia.
   무슨 일이 있었니? 비 때문에 내 고향에 갈 수 없었어.
3. ¿Allí no hubo nadie?
   거기에 아무도 없었니?
4. No. Como ya era muy tarde, no hubo nadie.
   없었어. 너무나 늦은 시간이었기 때문에 아무도 없었어.
5. Cuando yo era niño, jugaba en aquella plaza.
   내가 어렸을 때 저 광장에서 놀곤 했어.
6. Cuando llegué a casa, mis padres veían la televisión.
   내가 집에 도착했을 때 나의 부모님은 텔레비전을 보고 계셨다.
7. El equipaje ya está preparado.
   짐은 벌써 준비되었다.
8. El itinerario del viaje fue planeado por la agencia de turismo.
   여행 경로(스케쥴)은 여행사에 의해 계획되어 졌다.

Más conocimientos

1. 완료과거 단순형

완료과거 단순형의 기본적인 개념에 대해서는 6과에서 공부하였고 규칙동사의 변화형도 이미 살펴보았다. 본과에서는 불규칙동사의 변화형을 익히고 그 용법을 조금 더 자세히 공부하자.

1) 불규칙 동사의 변화

a. 어간의 마지막 자음이 음가를 유지하기 위해 1인칭 단수에서 다른 자음으로 바뀌는 경우

explicar 설명하다 tocar 만지다 secar 말리다 (-c- ⇒ -qu-)	pagar 지불하다 negar 거절하다 colgar 매달다 (-g- ⇒ -gu-)	empezar 시작하다 cruzar 건너가다 rechazar 거절하다 (-z- ⇒ -c-)	menguar 줄어들다 averiguar 알아보다 (-gu- ⇒ -gü-)
expliqué explicaste explicó explicamos explicasteis explicaron	pagué pagaste pagó pagamos pagasteis pagaron	empecé empezaste empezó empezamos empezasteis empezaron	mengüe menguaste menguó menguamos menguasteis menguaron

b. 제 2변화와 3 변화 동사(~er, ~ir)에서 3인칭 단수, 복수의 어미가 ~ió에서 ~yó로 ~ieron에서 ~yeron으로 바뀌는 경우 : 어간이 모음으로 끝나는 동사들이 여기에 속한다.

caer 넘어지다 caí, caíste, cayó, caímos, caísteis, cayeron
oír 듣다 oí, oíste, oyó, oímos, oísteis, oyeron
leer 읽다 leí, leíste, leyó, leímos, leísteis, leyeron

c. ~ir 동사에서 3인칭 단수, 복수의 어간 모음 e가 i로, o가 u로 바뀌는 동사들이 있다.

sentir 느끼다 sentí, sentiste, sintió, sentimos, sentisteis, sintieron
pedir 요청하다 pedí, pediste, pidió, pedimos, pedisteis, pidieron
morir 죽다 morí, moriste, murió, morimos, moristeis, murieron
dormir 자다 dormí, dormiste, durmió, dormimos, dormisteis, durmieron

d. 기타 불규칙 동사

andar 걷다	anduve, anduviste, anduvo, anduvimos, anduvisteis, anduvieron
caber 들어차다	cupe, cupiste, cupo, cupimos, cupisteis, cupieron
dar 주다	di, diste, dio, dimos, disteis, dieron
decir 말하다	dije, dijiste, dijo, dijimos, dijisteis, dijeron
estar 있다	estuve, estuviste, estuvo, estuvimos, estuvisteis, estuvieron
haber 있다	hube, hubiste, hubo, hubimos, hubisteis, hubieron
hacer 하다	hice, hiciste, hizo, hicimos, hicisteis, hicieron
ir 가다	fui, fuiste, fue, fuimos, fuisteis, fueron
poder 할수있다	pude, pudiste, pudo, pudimos, pudisteis, pudieron
poner 놓다	puse, pusiste, puso, pusimos, pusisteis, pusieron
querer 원하다	quise, quisiste, quiso, quisimos, quisisteis, quisieron
saber 알다	supe, supiste, supo, supimos, supisteis, supieron
ser ... 이다	fui, fuiste, fue, fuimos, fuisteis, fueron
tener 가지다	tuve, tuviste, tuvo, tuvimos, tuvisteis, tuvieron
traer 가져오다	traje, trajiste, trajo, trajimos, trajisteis, trajeron
venir 오다	vine, viniste, vino, vinimos, vinisteis, vinieron

도우미

ser와 ir 동사의 과거 단순형은 변화형이 같다.

2) 용법

동작 혹은 상태가 어느 한 순간에 끝난 것을 표현할 때 사용한다.

¿A dónde fueron ustedes anoche?
어제 저녁에 당신들은 어디에 갔었나요?

Fuimos al museo.
우리들은 박물관에 갔습니다.

¿Cuándo nació José?
호세는 언제 태어났습니까?

José nació en el año 1990.
호세는 1990년에 태어났습니다.

¿Qué hiciste ayer por la tarde?
어제 오후에 너는 무엇을 했니?

Hice una excursión.
소풍 갔어.

¿Cómo viniste de Madrid?
마드리드에서 어떻게 왔니?

Vine en avión.
비행기 타고 왔어.

2. 불완료 과거

1) 형태

a. 규칙 동사 – hablar, comer, vivir

hablar		comer		vivir	
hablaba	hablábamos	comía	comíamos	vivía	vivíamos
hablabas	hablabais	comías	comíais	vivías	vivíais
hablaba	hablaban	comía	comían	vivía	vivían

b. 불규칙 동사 – ser, ir, ver 세 개 밖에 없다.

ser		ir		ver	
era	éramos	iba	íbamos	veía	veíamos
eras	erais	ibas	ibais	veías	veíais
era	eran	iba	iban	veía	veían

2) 용법

일반적으로 불완료 과거는 과거에 지속적으로 일어났던 행위를 표현할 때 쓰인다. 즉 "…을 하고 있었다"라는 표현을 위해 사용된다.

a. 과거의 반복된 습관을 표현한다.

Antes jugábamos al fútbol.
전에 우리들은 축구를 하곤 했었다.

Mi abuelo paseaba mucho en primavera.
나의 할아버지는 봄에 산보를 많이 하곤 했었다.

b. 과거에 동시에 발생했던 연속적인 동작이나 상태를 표현한다.

Cuando vivíamos en el mar, nadábamos mucho.
바닷가에 살았을 때 우리들은 수영을 많이 하곤 했었다.

Cuando yo era niño, mi familia vivía en Madrid.
내가 어렸을 때 나의 가족은 마드리드에 살고 있었다.

c. 과거에 발생한 행위일지라도 어느 한 쪽의 동작이 한 순간에 끝나고 다른 한 쪽의 동작은 계속되고 있었던 것을 표현할 때 쓰인다.

Me casé cuando tenía 28 años.
나는 스물 여덟 살에 결혼했다.

Cuando llegué a casa, mi niño veía la televisión.
내가 집에 도착했을 때 내 아들은 텔레비전을 보고 있었다.

3. 과거분사

1) 형태

a. 규칙 형태

동사 어미가 ~ar로 끝나면 ~ado로 바꾸고, ~er, ~ir로 끝나면 ~ido로 바꾸어 과거분사형을 만든다.

hablar - hablado
comer - comido
vivir - vivido

b. 과거분사의 불규칙 형태는 다음과 같이 나눌 수 있다.

– 과거분사의 어미가 ~to인 동사들

abrir ⇒ abierto 열다
cubrir ⇒ cubierto 덮다
escribir ⇒ escrito 쓰다
descubrir ⇒ descubierto 발견하다
morir ⇒ muerto 죽다
poner ⇒ puesto 놓다
resolver ⇒ resuelto 해결하다
romper ⇒ roto 깨다
ver ⇒ visto 보다

volver	⇒	vuelto	돌아가다

- 과거분사의 어미가 ~cho 인 동사들

hacer	⇒	hecho	하다
decir	⇒	dicho	말하다
satisfacer	⇒	satisfecho	만족하다

2) 용법

a. 형용사로 쓰이는 과거분사 - 과거분사는 형용사와 마찬가지로 명사를 직접 수식하거나 보어로 쓰일 수 있다. 이 때 과거분사는 수식하는 명사의 성 · 수에 일치시켜야 한다.

una carta escrita en español　스페인어로 쓰여진 편지
una pareja recién casada　방금 결혼한 쌍/부부
La profesora está cansada.　여 교수님은 지쳐 있다.
La habitación está bastante desordenada.
방이 매우 어질러져 있다.

b. "ser + 과거분사"로 수동태 문장을 만든다. 이 때 과거분사는 주어의 성 · 수에 일치하여야 한다.

La ventana fue cerrada por María.
그 창문은 마리아에 의해서 닫혀졌다.
María es amada por sus amigas.
마리아는 친구들에게서 사랑을 받는다.
Ese hombre es muy conocido en este pueblo.
그 사람은 이 마을에서 대단히 잘 알려져 있다.

c. "estar + 과거분사"로 완료된 상태를 나타낸다. 과거분사는 주어의 성 · 수에 일치시켜야 한다. estar 동사가 현재일 경우라도 완료된 행위를 뜻하게 된다.

La cena está preparada.　저녁 식사가 준비되었다.

도우미

소유의 동사 tener + 과거분사 : "과거분사가 의미하는 상태로 가지고 있다"는 표현을 할 수 있다. 현재완료와 다른 점은 목적어와 과거분사가 성 · 수 일치한다는 점이다.

Tengo dos cartas escritas.　나는 두통의 편지를 써 놓고 있다.
He escrito dos cartas.　나는 두통의 편지를 썼다.

4. 부정어

1) 부정어(vocablos indefinidos): algo, alguno, alguien

¿Sucede algo?	뭔가 일어났습니까? (무슨 일이 일어났습니까?)
¿Quiere Ud. algo?	뭔가 원하십니까?
Algunos vienen allí.	어떤(/몇몇) 사람들이 저기 온다.
¿Hay alguien aquí?	여기에 누군가 있습니까?

2) 부정어(vocablos negativos): nada, ninguno, nadie

¿Comprendes algo?	뭔가 이해하겠니?
No, no comprendo nada.	아니, 아무것도 이해 못하겠어.
Ninguno de ellos me gusta.	그들 중 누구도 마음에 들지 않는다.
¿Hay alguien en casa?	집에 누군가 있습니까?
No, no hay nadie en casa.	아니오, 집에 아무도 없습니다.

도 우 미

no 이외의 부정 대명사가 동사보다 앞에 있으면 동사 앞에 no를 붙여서는 안 된다.

No me quiere ayudar nadie.	누구도 나를 도와주기를 원하지 않는다.
Nadie me quiere ayudar.	누구도 나를 도와주기를 원하지 않는다.
No comprendo nada.	나는 아무것도 이해하지 못한다.
Nada comprendo.	나는 아무것도 이해하지 못한다.

nadie의 경우에 부분격(caso partitivo)으로 사용될 수 없다는 점에 주의하기 바란다. "Nadie de vosotros"라는 표현은 잘못된 것이며 "Ninguno de vosotros"라고 말해야하며 단수취급을 하는 것이 보통이다.

Ninguno de vosotros es simpático. 너희들 중 어느 누구도 친절하지 않다.

영어의 경우 이중 부정으로 긍정을 나타내지만 스페인어는 원칙적으로 긍정이 되지 않는다.

No dijo nadie nunca nada. 누구도 결코 아무 것도 말하지 않았다.

Expresiones

*** 여행과 관련된 어휘 및 표현**

la excursión 소풍
el ferrocarril 철도
el coche-cama 침대차
el coche-comedor/restaurante 식당차
el pasillo 통로
la consigna 수화물 취급소
el asiento 좌석
la taquilla 매표소
el andén 플랫홈
la ventanilla 창구
el aeropuerto 공항
la azafata 스튜어디스
el despegue 이륙
la llegada 도착
la reservación(=reserva) de asiento 좌석 예약
el control de pasaporte 여권 검색대
declarar 신고하다
la tarjeta de embarque 보딩 패스

el billete de ida y vuelta 왕복표
el billete de ida(=sencillo) 편도표
la visa 비자
el horario de ferrocarriles 기차 시간표
la litera 침대 (= la cama)
la oficina de información 안내소
la sala de espera 대합실
el tren 열차
la correspondencia 교차역, 연결역
facturar el equipaje 짐을 부치다
el piloto 조종사
el aterrizaje 착륙
la salida 출발, 발차
el billete 승차권
hacer escala 기항(착륙)하다
la puerta de embarque 탑승구
la aduana 세관
los pasajeros con destino a Madrid 마드리드행 승객

Quiero pasar mis vacaciones de verano en la Costa del Sol.
꼬스따 델 솔에서 여름 휴가를 보내고 싶습니다.

He venido aquí a pedir información de viajes.
여행 정보를 얻으려고 여기에 왔습니다.

¿Cómo desea viajar usted, en tren o en avión?
기차나 비행기 중에서 어떻게 여행하기를 원하십니까?

Prefiero el tren.
기차로 하기를 원합니다.

¿El apartamento es con derecho a cocina?
아파트에서 음식을 해먹을 수 있습니까?

Sí, los apartamentos tienen una cocina pequeña.
예, 아파트에는 작은 부엌이 있습니다.

Es un billete de ida y vuelta.
이 표는 왕복표입니다.

Este billete cuesta 80 euros.
이 표는 80 유로입니다.

¿Dónde está la consigna / la oficina de información / la taquilla / la sala de espera?
수화물 취급소/ 안내소 / 매표소/ 대합실은 어디에 있습니까?

Dos billetes de primera clase para Barcelona, por favor.
바르셀로나행 1등석 표 두 장 주세요.

¿De qué andén sale el tren para Barcelona?
어느 플랫홈에서 바르셀로나행 기차가 출발합니까?

Sale del andén tercero.
3번 홈에서 출발합니다.

Los viajeros para París deben cambiar de tren aquí.
파리로 가시는 승객께서는 여기서 기차를 갈아타야 합니다.

¿Cuál es su motivo de viaje?
무슨 일로 당신은 여행을 하십니까?

¿A qué hora sale el avión para Seúl?
서울행 비행기는 몇 시에 출발합니까?

El vuelo 768 de Iberia sale de Madrid a las ocho de la tarde.
이베리아 항공 768편은 오후 8시에 마드리드를 출발합니다.

Usted tiene que presentarse una hora antes en la ventanilla número 5 para facturar el equipaje.
당신은 짐을 부치기 위해서 1시간 전에 5번 창구로 가셔야만 합니다.

¿Va directamente a Seúl el avión?
그 비행기는 서울로 바로 가나요?

Este avión hace escala en París.
이 비행기는 파리에서 기항합니다.

¡Atención, atención! Señores pasajeros con destino a París, pasen por el control de pasaporte. Señores pasajeros con destino a Londres, diríjanse a la puerta de embarque número 7. Señores pasajeros con destino a Madrid, diríjanse a la ventanilla número 5 y facturen su equipaje.

알려 드립니다! 파리행 승객 여러분은 여권 검사대로 가주십시오. 런던행 승객 여러분은 7번 탑승구쪽으로 가주십시오. 마드리드행 승객 여러분은 5번 창구로 가셔서 짐을 부치십시오.

¿Es aquí donde tenemos que entregar el equipaje?
여기가 짐을 부치는 곳인가요?

Sí, por favor, pongan las maletas en la báscula. La maleta pesa más de 20 kilos. Usted tiene que pagar exceso de equipaje.
예, 짐을 저울에 올려놓으세요. 짐이 20kg을 넘는군요. 당신은 규정보다 넘는 짐 값을 더 내셔야 합니다.

Enséñeme su tarjeta de embarque.
당신의 보딩 패스를 보여주세요.

Sí, aquí la tiene.
네, 여기 있어요.

Enséñeme su pasaporte, por favor. ¿Cuánto tiempo piensa quedarse en España?
당신의 여권을 보여주세요. 얼마 동안 스페인에 머물 예정인가요?

Tres meses, más o menos. Mi curso dura desde el dos de abril hasta el quince de junio. Después del curso quiero viajar un poco por España.
3개월 가량 머물 예정입니다. 저의 수업은 4월 2일 시작해서 6월 15일 끝납니다. 과정 후에 저는 스페인을 좀 여행하기를 원합니다.

¿Tiene algo que declarar?
신고하실 것이 있습니까?

No. Sólo llevo ropa y libros.
아니요. 옷과 책밖엔 없는데요.

Vale. Puede pasar. Feliz estancia en España.
좋습니다. 통과하십시오. 스페인에서 즐거운 체류가 되기를 바랍니다.

El viaje de Madrid a Barcelona dura una hora en avión.
마드리드에서 바르셀로나까지의 여행은 비행기로 한시간 걸립니다.

¿Se siente usted mareado en el avión?
비행기 멀미를 하십니까?

¡Buen viaje! 좋은 여행되세요!

¡Señores pasajeros!, ya hemos llegado al aeropuerto de Barajas.
승객 여러분! 이제 바라하스 공항에 도착했습니다.

Diálogo

Manolo	¡Hola! ¿Qué tal el viaje?
Luis	Muy mal. Tuvimos muy mala suerte. El coche se averió varias veces, y no pudimos llegar a nuestro destino por falta[21] de tiempo.
Manolo	¿Qué os pasó?
Luis	El primer día de viaje estuvo lloviendo todo el día.
Manolo	¿Dónde pasasteis noche?
Luis	En el Parador de Gredos. Pero no pudimos ver nada por la lluvia y la espesa niebla.
Ana	Al día siguiente, conduje yo porque a Luis le dolía mucho la cabeza. Pero el radiador del coche se estropeó y tuvimos que avisar a una grúa.
Manolo	¡Qué mala suerte!
Luis	¡Eso no fue todo! Cuando ya estábamos otra vez en carretera, se nos volvió a estropear el coche. Esta vez fue una avería en la caja de cambios.
Manolo	¿Y qué hicisteis?
Luis y Ana	Nada.
Manolo	¿No había nadie?
Ana	No. Como ya era muy tarde, no había nadie. y no hubo otra solución que pasar allí toda la noche.
Luis	A la mañana siguiente, regresamos a casa bastante cansados.
Manolo	¡Qué pena!

21) 스페인 사람들은 라틴기질이라서 그런지 매우 낙천적인 면이 있다. 그중에서도 식사중이나 사람들이 모이면 자주 등장하는 게 바로 chiste(우스개 소리)이다. falta와 관련된 치스테 하나 배워보자. ¿Por qué se casan las mujeres? Por falta de experiencia. ¿Por qué se divorcian las mujeres? Por falta de pacienca. ¿Por qué se vuelven a casar las mujeres? Por falta de memoria. 인생에서 경험, 인내 그리고 기억이라는 것도 매우 중요함을 새삼 깨닫게 됩니다.

Ejercicios

1. 다음은 여행 스케줄이다. 질문에 답하시오.

Excursión a Granada

5 de mayo de 2005

7.00	Salida en autobús (Madrid).
10.00	Llegada a Granada.
10.30	Visita a la Alhambra.
13.00	Visita a Albaicín.
14.15	Comida en el restaurante chino.
15.30 - 18.30	Tiempo libre.
19.00	Concierto flamenco.
21.00	Cena en el mesón.
22.30	Regreso a Madrid.

1) ¿A qué hora sale el autobús de Madrid?
2) ¿Cuánto tiempo dura el viaje de Madrid a Granada?
3) ¿Dónde visitan los viajeros en Granada?
4) ¿Cuánto dura el tiempo libre?
5) ¿Dónde cenan los viajeros?
6) ¿A qué hora regresa a Madrid?

2. 문장에 맞게 괄호 안의 동사를 부정과거나 불완료 과거로 변화시키시오.
1) Ayer nosotros ____________ (estar) en casa todo el día.
2) Cuando yo era niño, mi familia ____________ (vivir) en Madrid.
3) Ya no juego al fútbol. Pero antes ____________ (jugar) al fútbol mucho.
4) El verano pasado vosotros ____________ (hacer) un viaje por toda Europa.
5) En 1945 ____________ (acabar) la Segunda Guerra Mundial.
6) ¿Cuántas personas ____________ (morir) en el accidente de ayer?
7) Cuando entré en la sala, mi abuela ____________ (ver) la televisión.
8) ¿Qué te ____________ (decir) Juan ayer?
9) El año pasado nosotros ____________ (ir) de viaje a España.
10) Antes yo ____________ (fumar) mucho, pero ahora no.

3. 괄호 안의 동사원형을 문장에 맞게 변화시키시오.
1) La América fue ____________ (descubrir) por Colón en 1492.
2) Estamos muy ____________ (satisfacer) con su regalo.
3) La comida ya está ____________ (preparar).
4) Juan recibió unas cartas ____________ (escribir) en inglés.
5) El problema fue ____________ (resolver) por la ayuda de los amigos.

Unidad 10.

El tráfico en la ciudad

현재완료

역구조 동사의 용법

형용사의 절대 최상급

부사의 구성

♣ 교통과 관련된 어휘 및 표현

¡Hola, Amigos!

Unidad 10.

El tráfico en la ciudad

Ideas básicas

1. ¿Cuándo ha salido Paco de la oficina?
   빠꼬는 언제 사무실에서 나갔읍니까?
2. Paco ha salido de la oficina hace poco.
   빠꼬는 조금 전에 사무실에서 나갔읍니다.
3. ¿Quieres volver a casa en autobús o en metro?
   버스 또는 지하철을 타고 집으로 돌아가고 싶나요?
4. Me da igual.
   나에겐 마찬가지예요. (아무거나 괜찮아요).
5. ¿Cuánto tiempo ha tardado para llegar a la universidad?
   대학까지 가는 데 얼마나 걸렸읍니까?
6. He tardado más o menos una hora.
   대략 1시간 걸렸습니다.
7. Has ahorrado gasolina.
   너는 휘발류를 절약했다.
8. Has andado y has hecho un poco de ejercicio.
   너는 걸었고 약간의 운동을 했다.
9. Sinceramente, no has perdido el tiempo.
   정말로 너는 시간을 잃은 것은 아니야.
10. El autobús ha venido llenísimo.
    버스는 꽉 차서 왔다.

Más conocimientos

1. 현재완료

1) 형태

현재완료형은 "조동사 haber의 직설법 현재 + 과거분사"로 구성된다. 다음의 hablar, comer, vivir의 현재완료 구성을 보자.

단 수			복 수		
he		hablado	hemos		hablado
has	+	comido	habéis	+	comido
ha		vivido	han		vivido

도우미

현재완료라는 명칭대신에 직설법 완료과거 복합형(Pretérito perfecto compuesto de indicativo)이라는 명칭을 사용하기도 한다.

2) 용법

a. 동작 혹은 행위가 완료된 현재의 상태를 나타낸다.

Ha llegado el tren. 기차가 도착했다.

El tren ha partido. 기차가 떠났다.

b. 지금, 오늘, 오늘 아침, 금주, 이번 계절, 금월, 금년, 금세기 등에 이루어진 것을 표현한다. 말하자면, 최근의 과거를 나타낸다.

Esta tarde he terminado la tarea. 오늘 오후에 숙제를 끝냈다.

Hoy por la tarde hemos comido bocadillos.
오늘 오후에 우리들은 샌드위치를 먹었다.

Este invierno ha nevado mucho en Corea.
이번 겨울은 한국에 눈이 많이 왔다.

Este verano ha hecho mucho calor.
이번 여름은 아주 더웠다.

c. 현재까지의 경험을 나타낸다.

Hemos vivido en Barcelona. 우리들은 바르셀로나에 살아본 적이 있다.
No he ido en México. 나는 멕시코에 가본 적이 없다.
¿Has estado en Madrid? 마드리드에 있은 적(가본 적)이 있니?
Sí, he estado dos veces. 그래, 두 번 있은 적(가본 적)이 있어.

d. 현재까지 지속되고 있는 동작을 나타낸다.

Ya he estudiado estas dos horas.
나는 벌써 이 두 시간을 공부하고 있다.
Ya hemos aprendido un año el español.
우리들은 벌써 스페인어를 1년이나 배웠다.

도우미

구어체에서는 과거시제와 현재완료가 혼용되어서 쓰는 경우가 많이 있는데 화자의 입장에서 매우 가까운 과거의 행위를 가리킬 때 현대 스페인어에서는 현재완료 시제를 더 선호하는 경향이 있다.

2. 역구조 동사의 용법

1) 2과에서 배운 gustar 동사의 용법을 기억할 것이다. gustar 동사는 "...을 좋아하다"라는 동사로 다른 동사들과 사용법이 다르다. "나는 음악을 좋아한다"라는 표현할 때 "Me gusta la música"라고 해야 한다. 이 때 문법적인 주어는 la música이고 의미상의 주어는 주격이 아닌 간접 목적격 형태(me, te, le, nos, os, les)를 취해야 한다. 그래서 위의 예문을 직역하면, "음악이 나에게 즐거움을 준다"가 되지만 실제 번역은 "나는 음악을 좋아한다"로 하는 것이 자연스럽다. 동사는 문법적인 주어에 일치시켜야 한다.

Me gusta el café. 나는 커피를 좋아한다.
Nos gustan los libros. 우리는 책들을 좋아한다.

도 우 미

부정사(infinitivo)도 gustar 동사의 문법적인 주어가 될 수 있다.

¿Te gusta bailar en la discoteca?
너는 디스코텍에서 춤추는 것을 좋아하니?
Sí, me gusta bailar.
그래, 나는 춤추는 것을 좋아해.
¿Te gusta jugar a las cartas?
너는 카드놀이 하는 것을 좋아하니?
No. Me gusta jugar al ajedrez.
아니. 나는 장기 두는 것을 좋아해.

2) 문법적인 목적어로 쓰인 간접 목적격의 뜻을 강조하거나 밝힐 필요가 있을 때 중복형(a mí, a ti, a él 등)을 사용한다. 이 때 중복형은 간접 목적격 앞에 놓아도 무방하다.

Nos gusta a nosotros el cine. 우리들은 영화를 좋아한다.
A nosotros nos gusta el cine.
Le gusta a María la rosa. 마리아는 장미를 좋아한다.
A María le gusta la rosa.

3) gustar 동사의 용법과 같은 구조의 동사들(역구조 동사)

a. dar 주다.
¿Vamos al parque o al museo? 공원에 갈래 아니면 박물관에 갈래?
Me da igual. 나는 아무 곳이나 괜찮아.

b. doler 고통을 느끼다.
¿Qué te duele? 어디가 아프니?
Me duele mucho el estómago. 나는 배가 많이 아프다.

c. quedar (의류, 신발 등이) 맞다, 어울리다.
¿Cómo le quedan los zapatos negros?
검은 구두가 당신에게 어떤가요?
Me quedan bien, gracias. 나에게 잘 맞습니다. 고맙습니다.

d. interesar 관심을 가지다, 흥미를 가지다.

¿Te interesa la música rock? 록음악에 관심이 있니?

No, no me interesa la música rock. 아니, 록음악에 관심이 없어.

e. faltar 모자라다.

¿Os falta tiempo para terminarlo?

너희들 그것을 끝내는 데 시간이 모자라니?

Sí, nos falta tiempo para terminarlo.

예, 그것을 끝내는 데 시간이 모자랍니다.

f. agradar 기쁘게 하다.

¿Le agrada la noticia?

그 소식이 당신을 기쁘게 합니까? (그 소식이 기쁩니까?)

Sí, me agrada la noticia.

예, 나는 그 소식이 기쁩니다.

g. parecer ~처럼 보이다.

¿Qué te parece esta falda roja?

이 빨간 치마 어떻게 보이니?

No está mal, pero me parece muy caro.

나쁘지 않지만 대단히 비싼 것 같아.

h. encantar 매혹시키다, 좋아하다.

¿Te encanta el zumo de naranja, verdad?

너는 오렌지 주스를 정말로 좋아하니?

Sí, me encanta el zumo de naranja.

그래, 오렌지 주스를 좋아해.

도 우 미

gustar와 encantar 동사는 '좋아하다'의 의미를 갖지만 encantar의 경우에는 'gustar mucho'의 뜻을 가지고 있기 때문에 Me encanta mucho el zumo라는 표현은 적절하지 못하다.

3. 형용사의 절대 최상급

자음으로 끝나는 형용사에는 ~ísimo를, 모음으로 끝나는 형용사에는 그 모음을 떼고 ~ísimo를 붙여 절대 최상급을 만든다. 물론 성 · 수의 변화를 한다. muy + 형용사도 절대 최상급이다.

fácil	–	facilísimo (muy fácil)
bueno	–	buenísimo (muy bueno)
caro	–	carísimo (muy caro)
lleno	–	llenísimo (muy lleno)

La iglesia es hermosísima. 그 교회는 대단히 아름답다.
El pescado es carísimo. (= El pescado es muy caro.)
생선은 대단히 비싸다.
La carne es carísima. 고기는 대단히 비싸다.

4. 부사의 구성

~o로 끝난 형용사는 ~o를 ~a로 바꾸어 ~mente를 붙이고, ~o가 아닌 철자로 끝난 형용사는 그대로 어미에 ~mente를 붙여 부사를 만든다.

claro	명확한	–	claramente	명확하게
feliz	행복한	–	felizmente	행복하게
lento	더딘	–	lentamente	천천히
sincero	성실한	–	sinceramente	성실하게
cómodo	편리한	–	cómodamente	편하게

두 개 이상 ~mente가 붙은 부사가 연결될 경우, 맨 마지막 것을 제외하고 앞의 것들은 ~mente를 생략한다. 이때 ~o로 끝난 형용사라면 그 ~o는 ~a로 바꾸어야 한다.

El profesor habla clara y lentamente.
교수님은 명확하게 그리고 천천히 말하신다.

도우미

"con + 추상명사"는 부사가 된다.

con claridad = claramente
con felicidad = felizmente
con frecuencia = frecuentemente

Expresiones

*** 교통과 관련된 어휘 및 표현**

la estación 역
la estación del metro 지하철 역
el metro 지하철
el ferrocarril eléctrico 전철
el paso a nivel 건널목
el auto 자동차
(= el automóvil)
el garaje 차고
la autopista
자동차 전용도로(= la autovía)
la glorieta 도로 중앙의 광장
la paralización del tráfico 교통 마비
el plano 지도(= el mapa)

la parada 정류장
la parada de autobús 버스 정류장
el tranvía 전차
el semáforo 신호등
el paso de cebra 횡단보도
el aparcamiento 주차장
(= el estacionamiento, el parking)
la gasolinera 주유소
la carretera 고속도로
el atasco 교통체증
la multa 벌금

¿Cómo vas al trabajo?
직장에 어떻게 가니?

Voy en metro.
지하철 타고 간다.

Para ir a otra ciudad, ¿prefieres el tren o el autobús?
다른 도시로 가기 위해 기차를 선호하니 또는 버스를 선호하니?

Prefiero el tren porque es más cómodo que el autobús.
나는 버스보다 편리하기 때문에 기차를 선호해.

¿Cuánto tiempo se tarda de aquí a la estación?
여기서 역까지 가는데 얼마나 걸립니까?

Solamente un cuarto de hora.
단지 15분 걸립니다.

Ya estamos en la estación.
벌써 역에 도착했군요.

¿Cuánto tardas en llegar a la oficina?
사무실까지 도착하는데 얼마나 걸리니?

Unos treinta minutos.
대략 30분쯤 걸려.

¿La calle de San Bernardo, por favor?
산 베르나르도 거리가 어디인지 알려주시겠어요?

La primera a la derecha.
첫 번째 거리에서 오른쪽으로 가세요.

¿Cómo se va de la Plaza de Castilla a la Gran Vía?
까스띠야 광장에서 그란비아까지 어떻게 갑니까?

Coges la línea 1 hasta la estación de Tribunal. Allí cambias, coges la línea 10 y bajas en la primera estación.
1번 노선을 타고 뜨리브날 역까지 가라. 거기서 10번 노선으로 바꾸어 타고 가서 첫 번째 역에서 내려라.

¡Oiga, perdone! ¿Hay un banco por aquí?
여보세요, 실례합니다. 근처에 은행이 있나요?

Sí, hay uno al final de esta calle.
네, 이 거리 끝에 은행이 하나 있어요.

¿Está lejos de aquí?
여기에서 먼가요?

No. A unos cinco minutos andando.
아니오. 대략 걸어서 5분 정도 걸립니다.

Y tú, ¿cómo vas a la agencia de viajes?
너는 여행사까지 어떻게 가니?

Andando. 걸어서 간다.

¿Vas a aparcar aquí?
너 여기 주차하려고 하니?

Pues sí, ¿por qué no?
그래, 왜 안되?

Está prohibido. Si aparcas aquí te ponen una multa.
여기는 주차 금지되어 있어. 여기에 차를 주차시키면 벌금을 물릴 거야.

¿Qué distancia hay de aquí a la universidad?
여기에서 대학까지 거리가 얼마나 되니?

La distancia es de 5 kilómetros más o menos.
거리가 대략 5km 정도 됩니다.

Diálogo

Carmen	Hoy has llegado a casa tan pronto. Aún no está preparada la comida.
Paco	He salido de la oficina porque tenía que solucionar algunos problemas en el banco.
Carmen	¿Lo has solucionado todo?
Paco	Sí, pero el problema que no tiene solución es el tráfico. He tardado casi una hora para llegar a casa.
Carmen	¿Has venido en metro o en autobús?
Paco	En autobús. El autobús venía llenísimo. Y además no me he podido sentar.
Carmen	¡Hombre! Eres un hombre sano.
Paco	Sí, claro. Pero como no aguantaba más, me he bajado en la parada anterior y me he venido andando.
Carmen	Pues, sinceramente, no has perdido el tiempo. Así has andado y has hecho un poco de ejercicio.
Paco	¿Quieres tomarme el pelo[22)]?
Carmen	¿Por qué no has venido en metro?
Paco	No me gusta el metro porque me dan muchos empujones.
Carmen	Piensa en la gasolina que te has ahorrado al no venir en coche.
Paco	Sí, pero prefiero ir cómodamente en mi coche y no tener que sufrir tantas incomodidades.

22) engañar의 의미로 사용되는 표현이다. 스페인어 표현에는 신체를 가리키는 단어가 사용되는 경우가 있다. meter la nariz는 남의 일에 참견하는 것을 가리킨다. '체면을 지키다'는 salvar la cara '일을 완전히 그르치다'는 meter la pata라는 표현을 쓴다.

Ejercicios

1. 다음의 도표를 보고 질문에 답하시오. 보기에서와 같이 무슨 교통 수단을 이용할 수 있는 지와 시간이 얼마나 걸리는지 답하시오.

Metro	Autobús	Coche	Moto
A pie	Tren	Avión	Bicicleta

(보기) ¿Cómo vas al trabajo? - En metro.
¿Cuánto tardas en llegar? - Unos treinta minutos.

1) ¿Cómo vas a clase? ______________________
¿Cuánto tardas en llegar? ______________________
2) ¿Cómo vas a tu compañía? ______________________
¿Cuánto tardas en llegar? ______________________
3) ¿Cómo vas al aeropuerto de Kimpo? ______________________
¿Cuánto tardas en llegar? ______________________
4) ¿Cómo vas al teatro nacional? ______________________
¿Cuánto tardas en llegar? ______________________
5) ¿Cómo vas a tu pueblo natal? ______________________
¿Cuánto tardas en llegar? ______________________

2. 다음의 현재 문장들을 현재 완료형으로 고쳐보시오.
1) Nosotros pasamos las vacaciones en la Costa del Sol.
Este verano ______________________________________.
2) Nieva mucho en las montañas.
Este invierno ______________________________________.
3) Yo desayuno una taza de café.
Hoy por la mañana ______________________________.
4) Ellos bailan en la discoteca.
Esta tarde ______________________________________.
5) Vosotros trabajáis mucho.
Este año ______________________________________.

3. 괄호 안의 동사 원형을 문장에 맞게 변화시키시오.
1) A vosotros os ____________ (gustar) las flores.
2) No me ____________ (gustar) estos libros.
3) ¿Les ____________ (gustar) a ustedes ver la televisión?
4) Me ____________ (gustar) el zumo de fresa.
5) ¿Te ____________ (gustar) ir en bicicleta?

PRINCIPE DE VERGARA
JERONIMOS
RETIRO
JARDINES DE CECILIO RODRIGUEZ
PARQUE DEL RETIRO
BARRIO DEL NIÑO JESUS
NIÑO JESUS
COL. HOGAR DEL EMPLEADO
COL. CASA DE LA MONEDA
PARQUE DE ROMA
ESTRELLA
BARRIO ESTRELLA
MEDIA LEGUA
POLIGONO A

Unidad 11.

En el hospital

접속법 현재

명령법

♣ 병원과 관련된 어휘 및 표현

¡Hola, Amigos!

Unidad 11.

En el hospital

Ideas básicas

1. ¡Pase, por favor!
   들어오세요.
2. Tome asiento y dígame qué le pasa.
   앉으시고 무슨 일이 있는지 내게 말해 주세요.
3. Túmbese aquí.
   여기 누우세요.
4. Ahora quítese la camisa y respire profundamente.
   이제 셔츠를 벗고 깊게 숨을 쉬세요.
5. No se ponga nervioso. ¡Relájese!
   긴장하지 마세요. 편하게 있으세요.
6. No trabaje tanto y descanse.
   일을 많이 하지 마시고 쉬세요.
7. Si es posible, haga la siesta de vez en cuando.
   가능하면, 가끔 낮잠을 주무세요.
8. No fume ni beba nada de alcohol.
   담배를 피우시지 마시고 술도 드셔서는 안되요.
9. Le recomiendo que no coma comida grasa.
   지방이 많은 음식을 드시지 말라고 권합니다.
10. Espero que se mejore pronto.
    빨리 회복하시길 바랍니다.

Más conocimientos

1. 접속법 현재(Subjuntivo)

접속법은 화자의 개인적 또는 주관적인 생각이나 기분을 나타낸다는 점에서 단순히 사실을 서술하는 직설법과는 다르다. 예를 들어 "눈이 *올지* 모른다", "눈이 *오지 않았으면* 좋겠다", "눈이 *오더라도* 가겠다" 등의 표현은 접속법을 사용해야 한다.

1) 형태

a) 규칙동사 – hablar, comer, vivir

	hablar	comer	vivir
단 수	hable hables hable	coma comas coma	viva vivas viva
복 수	hablemos habléis hablen	comamos comáis coman	vivamos viváis vivan

b) 불규칙 동사

tener	가지다	tenga, tengas, tenga, tengamos, tengáis, tengan
poner	놓다	ponga, pongas, ponga, pongamos, pongáis, pongan
caer	떨어지다	caiga, caigas, caiga, caigamos, caigáis, caigan
venir	오다	venga, vengas, venga, vengamos, vengáis, vengan
salir	나가다	salga, salgas, salga, salgamos, salgáis, salgan
hacer	하다	haga, hagas, haga, hagamos, hagáis, hagan
decir	말하다	diga, digas, diga, digamos, digáis, digan
caber	들어차다	quepa, quepas, quepa, quepamos, quepáis, quepan
cerrar	닫다	cierre, cierres, cierre, cerremos, cerréis, cierren
sentar	앉히다	siente, sientes, siente, sentemos, sentéis, sienten
entender	이해하다	entienda, entiendas, entienda, entendamos, entendáis, entiendan
poder	할수있다	pueda, puedas, pueda, podamos, podáis, puedan
pedir	요구하다	pida, pidas, pida, pidamos, pidáis, pidan
sentir	느끼다	sienta, sientas, sienta, sintamos, sintáis, sientan
morir	죽다	muera, mueras, muera, muramos, muráis, mueran

empezar	시작하다	empiece, empieces, empiece, empecemos, empecéis, empiecen
exigir	요구하다	exija, exijas, exija, exijamos, exijáis, exijan
sacar	꺼내다	saque, saques, saque, saquemos, saquéis, saquen
ser	..이다	sea, seas, sea, seamos, seáis, sean
estar	...있다	esté, estés, esté, estemos, estéis, estén
ir	가다	vaya, vayas, vaya, vayamos, vayáis, vayan
dar	주다	dé, des, dé, demos, deis, den
haber	갖다	haya, hayas, haya, hayamos, hayáis, hayan
saber	알다	sepa, sepas, sepa, sepamos, sepáis, sepan

2) 용법

접속법 현재는 주로 현재와 미래의 동작을 표현한다.

a) 명사절에서의 접속법

주문의 동사가 직설법 현재, 미래, 현재완료 및 명령법이면 종속문의 동사로는 접속법 현재가 쓰인다.

직설법 현재 직설법 미래 직설법 현재 완료 명령법	+	que	+	접속법 현재

명사절에서의 접속법은 첫째, 주문 동사의 주어와 종속문 동사의 주어가 서로 다를 때, 둘째, 종속문 주어의 행위가 실현 가능성이 있는지 없는지 확실치 않을 때, 셋째, 종속문 주어의 의지가 아니고 주문 주어의 의지일 때, 넷째, 주문의 동사가 원망, 희망, 기대, 요구, 강요, 사역, 권고, 제안, 허용, 승인, 명령, 금지, 부정, 불확실 및 감정의 뜻을 가진 동사일 때 종속문(명사절)에 사용된다. 즉 주문의 동사가 다음과 같은 뜻을 가진 동사라면 종속문의 동사는 접속법을 써야 한다.

querer	원하다	desear	원하다
pedir	요청하다	esperar[23]	희망하다
rogar	간청하다	suplicar	청원하다

---

23) 기대가 크면 실망이 큰 법이다. 스페인어로 Quien espera desespera.라고 합니다. desesperar 동사는 'perder la esperanza' 의 뜻이다.

aconsejar	충고하다	mandar	명령하다
permitir	허용하다	advertir	주의시키다
decir	말하다	ordenar	명령하다
impedir	저지하다	prohibir	금지하다
lamentar	한탄하다	temer	걱정스럽다
dudar	의심하다	no creer	믿지 않는다
suponer	상상하다		

Los padres quieren que estudiemos mucho.
부모님은 우리들이 열심히 공부하기를 원한다.

Esperamos que no llueva mañana.
우리들은 내일 비가 오지 않기를 기대한다.

Te aconsejo que no llegues tarde a casa.
나는 너에게 집에 늦게 도착하지 말라고 충고한다.

El profesor nos advierte que no gritemos en la clase.
교수님은 수업 중에 떠들지 말라고 우리에게 주의를 준다.

Les digo a Juan y a María que vuelvan pronto.
나는 후안과 마리아에게 빨리 돌아오도록 말한다.

Ellos dudan que yo sea coreano.
그들은 내가 한국인이라는 것을 의심한다.

Mi padre me prohíbe que entre en la cocina.
나의 아버지는 내가 부엌에 들어가는 것을 금지하신다.

No creo que estos turistas sean españoles.
나는 이 관광객들이 스페인 사람들이라고 믿지 않는다.

Los padres temen que sus hijos salgan mal en el examen.
부모님들은 자기 자식들이 시험을 못 칠까 봐 걱정하신다.

도우미

creo que + 직설법 : Creo que ella llega a tiempo.
나는 그녀가 제시간에 도착할 것을 믿는다.

no creo que + 접속법 : No creo que ella llegue a tiempo.
나는 그녀가 제 시간에 도착할 것을 믿지 않는다.

¿cree Ud. que + 접속법? : Cree usted que ella llegue a tiempo?
당신은 그녀가 제시간에 오리라고 믿습니까?

2. 명령법

1) 형태

a) 규칙 동사 : tú에 해당하는 명령형은 직설법 3인칭 단수형과 같고 usted, ustedes, nosotros에 해당하는 명령형은 접속법 3인칭 단수, 복수 및 1인칭 복수형과 같다. 2인칭 복수형은 동사원형의 어미 ~r를 ~d로 바꾸어 놓으면 된다.

✿ hablar, comer, vivir의 명령형

인칭＼수	단 수	복 수
1인칭	-	hablemos comamos nosotros vivamos
2인칭	habla come tú vive	hablad comed vosotros vivid
3인칭	hable coma usted viva	hablen coman ustedes vivan

b) 불규칙 동사 : 2인칭 단수에서 불규칙 변화를 하는 동사들은 다음과 같다.

tener : ten	hacer : haz	venir : ven
poner : pon	valer : val	salir : sal
decir : di	ser : sé	ir : ve
detener : detén	componer : compón	

도우미

ir 동사의 명령형 1인칭 복수에 해당하는 형은 vayamos이지만 보통은 직설법 현재형 vamos를 사용한다. 이 표현은 영어의 'Let's + 동사원형'의 청유 명령형과는 달리 전치사 a가 같이 쓰인다.

¡Vamos! 자, 갑시다.
¡Vamos a ver! 어디 봅시다.
¡Vamos a cantar! 우리 노래합시다.

2) 용법

주어는 대체로 동사 뒤에 놓이나 생략하는 경우가 많다.

a) 재귀 대명사 se(me, te, se, nos, os, se)는 긍정 명령형에서는 동사의 어미에 붙여쓴다. 1인칭 복수형은 ~s를 떼고 nos를 2인칭 복수형은 어미 ~d를 떼고 os를 붙인다. 단 irse의 경우는 ~d를 생략하지 않는다. 그리고 동사 본래의 악센트 위치에 필요하면 악센트 부호를 찍어 주어야 한다.

levantarse 일어나다	vestirse 옷을 입다	sentarse 앉다	irse 떠나가다	acostarse 잠자리에 들다
levántate	vístete	siéntate	vete	acuéstate
levántese	vístase	siéntese	váyase	acuéstese
levantémonos	vistámonos	sentémonos	vayamos	acostémonos
levantaos	vestíos	sentaos	idos	acostaos
levántense	vístanse	siéntense	váyanse	acuestense

b) 긍정 명령형의 목적어가 되는 직접 목적격과 간접 목적격 대명사는 동사의 어미에 붙여 써야 한다.

Tráigamelo.	나에게 그것을 가져오시오.
Dígamelo.	나에게 그것을 말하시오.

c) 부정 명령형

부정 명령형이 될 경우는 부정어 no를 명령형 동사 앞에 놓아야 한다. 단 2인칭 단, 복수의 부정 명령형은 접속법 2인칭 단, 복수형으로 바뀐다.

habla	→	no hables	hablad	→	no habléis
come	→	no comas	comed	→	no comáis
vive	→	no vivas	vivid	→	no viváis
hable	→	no hable	hablen	→	no hablen
coma	→	no coma	coman	→	no coman
viva	→	no viva	vivan	→	no vivan

d) 긍정 명령에서 어미에 붙은 재귀 대명사는 부정 명령이 되면 동사 앞에 놓여야 한다.

levántate. → no te levantes.
levántese. → no se levante.
levantémonos. → no nos levantemos.
levantaos. → no os levantéis.

긍정 명령형의 어미에 붙은 인칭 대명사 직접 목적격과 간접 목적격 대명사는 부정 명령에서는 그 동사의 앞에 놓인다.

Estúdielo. → No lo estudie.
Dígamelo. → No me lo diga.

Expresiones

* 병원과 관련된 어휘 및 표현

1) 병명

la enfermedad 병
la fiebre 열
el catarro 기침 감기
la tos 기침
el desmayo 실신
el vértigo 현기증
la caries 충치(= la picadura)
la pulmonía 폐렴(= neumonía)
la enfermedad del corazón 심장병(= la enfermedad cardíaca)
el cáncer 암
la diabetes 당뇨병
la herida 부상(= la lesión)
el grano 여드름
la epidemia 유행병
el resfriado 감기
la gripe 유행성 독감
la anemia 빈혈
el escalofrío 오한
el dolor de muelas 치통
el dolor de estómago 위통
la bronquitis 기관지염
la parálisis cardíaca 심장마비
la diarrea 설사
el eczema 습진
la dislocación 탈구

2) 의료 시설 및 의료인

la ambulancia 구급차
los rayos X 엑스레이
el médico 의사
el dentista 치과 의사
el oculista 안과 의사
el ginecólogo 산부인과 의사
la clínica 의원, 진료소
el manicomio 정신 병원
la enfermera 간호원
el cirujano 외과 의사
el psiquiatra 정신과 의사
el pediatra 소아과 의사

3) 약

el medicamento 약
la medicina en polvo 가루약
la medicina de uso interior 내복약
la cápsula 캡슐
la pastilla 정제(= la tableta)
la poción 물약
la píldora 알약
el inyectable 주사약

la ampolla 앰플

el ungüento 연고

el antibiótico 항생제

la dosis 복용량

el esparadrapo 반창고

¿Qué le pasa? ¿No se encuentra bien?
무슨 일이십니까? 몸이 안 좋으세요?

No me siento bien estos días.
요즈음 몸이 좋지 않습니다.

No he dormido bien esta noche.
간밤에 잠을 푹 자지 못했어요.

Su pulso es normal.
당신의 맥박은 정상입니다.

Tiene Ud. algo de fiebre.
당신은 약간의 열이 있습니다.

A veces tengo dolor de cabeza / espalda / estómago / muelas.
가끔 머리 / 등 / 위 / 어금니가 아파요.

¿Le duele el estómago?
당신은 배가 아픈가요?

Tengo fiebre / gripe / tos.
나는 열이 있어요 / 독감에 걸렸어요 / 기침을 해요.

Estoy resfriado.
감기에 걸렸어요.

Es mejor quedarse en casa.
집에서 쉬는 것이 좋겠습니다.

Parece que usted está muy cansado.
당신은 매우 피곤한 것 같군요.

¿Ha consultado usted a un médico?
의사에게 진찰을 받으셨나요?

¿Quiere una aspirina?
아스피린을 원하세요?

De vez en cuando haga la siesta y haga ejercicio.
가끔 낮잠을 주무시고 운동을 하세요.

Tengo ganas de vomitar.
토할 듯 합니다.

Siento dificultad al respirar.
나는 숨쉬기가 거북합니다.

Tengo la nariz tapada.
나는 코가 막혀 있습니다.

No tengo más olfato.
나는 전혀 냄새를 맡을 수가 없습니다.

Me siento molesto después de haber comido.
식후에 배가 거북합니다.

Tengo náuseas.
가슴이 울렁거립니다.

¿Le ha tomado Ud. la temperatura?
그의 열을 재보셨나요?

Su temperatura era de 37 grados.
그의 열은 37도 이었습니다.

Es la temperatura normal.
정상적인 체온입니다.

도우미

doler 동사의 경우 신체의 일부를 가리키는 경우에는 반드시 정관사를 수반하는 것에 주의한다. 예를 들면 Tengo dolor de cabeza.에서는 정관사가 필요 없지만 Me duele la cabeza의 경우에서 보듯이 반드시 정관사를 써야 한다. 스페인어 모국어 화자의 경우에는 습관적으로 쓰지만 한국 학생의 경우에는 두 가지 용법의 차이에 주의할 필요가 있다.

Diálogo

Enfermera	¡Pase, por favor!
Médico	¡Buenas tardes! Tome asiento y dígame qué le pasa.
José	No me encuentro bien, me duelen el estómago y la garganta. También tengo dolor de cabeza.
Médico	Bueno, vamos a ver, túmbese aquí. Primero voy a tomarle el pulso. Súbase la manga de la camisa y deme la mano izquierda.
José	Doctor, me duele mucho el estómago, sobre todo después de comer.
Médico	Ahora quítese la camisa y respire profundamente. No se ponga nervioso. ¡Relájese!
José	¿Es algo grave, doctor? Estoy bastante preocupado.
Médico	No, no es nada grave. Usted tiene agotamiento físico. No trabaje tanto, lleve una vida tranquila y descanse. Si es posible, échese la siesta de vez en cuando.
José	Puedo seguir fumando y bebiendo, doctor?
Médico	¡No! No fume ni beba nada de alcohol.
José	¿Tengo que seguir alguna dieta?[24]
Médico	Sí, no tome grasas ni comidas fuertes. Le voy a recetar unas pastillas para hacer bien la digestión. Venga por aquí la semana próxima.
José	Muchas gracias por todo. Hasta la semana que viene.

24) well-being이 최근 모든 사람의 관심대상이 되면서 완벽한 몸매(cuerpo perfecto)를 갖고자 하는 인간의 열망(pasión)이 커지고 있다. 우리사회에도 몸짱이나 얼짱을 추구하는 사람도 제법 많다고 한다. 아이러니컬하게도 스페인에서는 모델이 되려면 이제는 너무 가냘픈 사람은 될 수가 없다. Pasarela에서 날씬한 몸매를 과시하는 modelo의 새로운 풍속도가 될 것이다.

Ejercicios

1. 괄호 안의 동사들을 문장에 맞도록 변화시키시오.

1) El profesor nos dice que ____________ (hacer) los ejercicios.
2) Te deseo que ____________ (tener) buen viaje.
3) Le ordeno que ____________ (venir) inmediatamente.
4) ¿Me permite que le ____________ (hacer) una pregunta?
5) Te pido que me ____________ (ayudar) a llevar las maletas.
6) Le recomiendo que ____________ (ver) esta película.
7) La madre le prohíbe al niño que ____________ (salir).
8) El jefe le manda a la secretaria que ____________ (echar) la carta en el buzón.
9) Te aconsejo que no ____________ (llegar) a casa demasiado tarde.
10) No creo que estos hombres ____________ (ser) españoles.

2. 다음의 문장을 긍정 명령형과 부정 명령형으로 고치시오.

(보기) Usted habla deprisa. Hable deprisa. No hable deprisa.

1) Vosotros trabajáis mucho. ________________ ________________
2) Tú preguntas mucho. ________________ ________________
3) Usted toma el taxi. ________________ ________________
4) Tú alquilas un coche. ________________ ________________
5) Tú abres la ventana. ________________ ________________

3. 다음의 문장을 대명사를 사용하여 긍정 명령형과 부정 명령형으로 바꾸시오.

(보기) Lávate las manos. Lávatelas. No te las laves.

1) Dame la llave. ________________ ________________
2) Regaladle un disco a Juan. ________________ ________________
3) Córtate el pelo. ________________ ________________
4) Sacad las entradas. ________________ ________________
5) Quitaos las botas. ________________ ________________
6) Envíale el paquete. ________________ ________________
7) Dígale su apellido. ________________ ________________
8) Enséñame tu casa. ________________ ________________
9) Poneos las zapatillas. ________________ ________________
10) Escríbeles una carta. ________________ ________________

Unidad 12. En el mercado

비인칭 구문의 'se'
재귀 수동 구문
상호의 'se'
가능법

♣ 시장과 관련된 어휘 및 표현

¡Hola, Amigos!

Unidad 12. En el mercado

Ideas básicas

1. En España se suele cenar tarde.
   스페인에서는 대개 저녁을 늦게 먹습니다.
2. No se puede pagar en efectivo aquí.
   여기서는 현금으로 낼 수 없습니다.
3. Se puede pagar con tarjeta de crédito.
   신용카드로 지불할 수 있습니다.
4. Se come bien en este restaurante.
   이 식당 음식 맛이 아주 좋습니다.
5. Aquí se habla español.
   여기서 (사람들은) 스페인어를 말한다.
6. Antonio y Beatriz se quieren mucho.
   안토니오와 베아트리스는 서로 사랑합니다.
7. ¿Dónde se venden periódicos?
   어디에서 신문들을 팝니까?
8. Se venden periódicos en el quiosco.
   신문 판매대에서 신문을 팝니다.
9. ¿Qué querría?
   무엇을 원하시나요?
10. Me gustaría comprar frutas.
    과일을 사고 싶은데요.

Más conocimientos

1. 비인칭 구문의 se

비인칭 구문은 "Se + 3인칭 단수 동사 + 목적어"로 구성된다.

En este restaurante se come muy bien.
이 식당 음식 맛이 아주 좋습니다.

Con esta pluma no se puede escribir.
이 펜으로 쓸 수가 없다.

Se dice que los dos partidos han llegado a un acuerdo.
두 정당이 합의에 도달했다고들 말한다.

Antes se vivía mejor que ahora.
전에는 지금보다 훨씬 잘 살았다.

Se alquila apartamentos junto al mar.
바닷가에 있는 아파트를 세놓는다.

Este año se vendió menos coches que el año pasado.
올해는 지난해에 비해 자동차들이 덜 팔렸다.

A partir de las 10 de la noche no se permite visitas.
저녁 10시부터는 방문이 허용되지 않는다.

En las familias españolas se suele cenar entre las 9 y 10 de la noche.
스페인의 가정은 대개 9~10시 사이에 저녁을 먹습니다.

도 우 미

3인칭 복수형 동사에 의한 무인칭 : 주어는 특정한 "그들"이 아니므로 "그들"이라고 해석해서는 안 된다.

Dicen que él es un hombre bueno. (= Se dice que...)
그는 좋은 사람이라고들 한다.

대기 현상을 나타내는 동사들은 동사 활용이 3인칭 단수형뿐이다.

Llueve. 비가 온다.
Nieva. 눈이 내린다.
Hace frío / calor / buen tiempo.
날씨가 춥다 / 덥다 / 날씨가 좋다.

"여격 + 3 인칭 복수동사"에 의한 무인칭 : 여격을 주격으로 번역하는 것이 부드럽다.

Me robaron el reloj. 나는 시계를 도난 당했다.
Me han regalado un reloj. 나는 시계를 선물 받았다.

2. 재귀 수동 구문

재귀 수동 구문은 "Se + 3인칭 단수/복수 동사 + 3인칭 단수 / 복수 주어"로 구성된다. 무인칭 se 구문은 "se + 단수 동사 + 목적어"로 구성되며 동사가 항상 3인칭 단수형이므로 재귀 수동 구문과는 차이가 있다.

Se vende(n) la(s) casa(s). 그 집은 팔린다.

Aquí se venden frutas.
여기서는 과일이 팔린다. 과일을 팔고 있다.

Las medicinas se venden solamente en las farmacias.
의약품은 약국에서만 판매한다.

Se alquila apartamento. 아파트를 세놓는다.

Se alquilan apartamentos. 아파트들을 세놓는다.

Se agotó la bebida. 음료수가 떨어졌다.

Se agotaron las bebidas. 음료수들이 떨어졌다.

Se solucionó el problema. 그 문제가 해결되어졌다.

Se solucionaron los problemas. 그 문제들이 해결되어졌다.

3. 상호의 Se

1) 형태는 재귀 동사와 같고, 다른 점은 주어가 항상 복수이고 단수일 수 없다는 것이다. 동사 변화형도 3가지 밖에 없다. 즉, "서로 ~하다"라 말할 때에 nos, os, se를 붙여서 만든다.

Nos amamos. 우리는 서로 사랑한다.

Os amáis. 너희들은 서로 사랑한다.

Se aman. 그들은 서로 사랑한다.

2) 다음의 경우 "서로서로"라는 의미를 가진 말 (uno a otro, unos a otros, mutuamente, recíprocamente)을 보충해 주면 의미가 명확해 진다.

Padre e hijo se irritaron mutuamente (recíprocamente).
아버지와 아들은 서로 으르렁대고 있었다.

Se golpearon uno a otro.
그들은 서로 때렸다.

María y Ana se saludan unas a otras.
마리아와 아나는 서로 인사를 한다.

El profesor y los alumnos se respetan unos a otros.
교수님과 학생들은 서로를 존중한다.

도우미

두 사람이 모두 여성인 경우 '서로'라는 말을 할 때는 unas a otras 형태를 취한다.
uno a otro라는 말이 있으면 '서로'라는 것이 확실하므로 se가 없어도 상호의 표현이 되는 경우가 있다:
Hablaron unas con otras. 그들은 서로 얘기했다.

4. 가능법

1) 형태

a) 규칙 동사 : ~ar, ~er, ~ir로 끝나는 규칙동사는 어미에 ~ía, ~ías, ~ía, ~íamos, ~íais, ~ían을 붙여서 만든다.

	hablar	comer	vivir
단 수	habla**ría**	come**ría**	vivi**ría**
	habla**rías**	come**rías**	vivi**rías**
	habla**ría**	come**ría**	vivi**ría**
복 수	habla**ríamos**	come**ríamos**	vivi**ríamos**
	habla**ríais**	come**ríais**	vivi**ríais**
	habla**rían**	come**rían**	vivi**rían**

b) 불규칙동사

– 어미의 모음 ~e~, ~i~ 대신 ~d~가 들어가는 동사들

tener : tendría, tendrías, tendría, tendríamos, tendríais, tendrían

poner : pondría, pondrías, pondría, pondríamos, pondríais, pondrían

valer : valdría, valdrías, valdría, valdríamos, valdríais, valdrían

venir : vendría, vendrías, vendría, vendríamos, vendríais, vendrían

salir : saldría, saldrías, saldría, saldríamos, saldríais, saldrían

– 어미의 모음 ~e~가 탈락되는 동사들

haber : habría, habrías, habría, habríamos, habríais, habrían

caber : cabría, cabrías, cabría, cabríamos, cabríais, cabrían

saber : sabría, sabrías, sabría, sabríamos, sabríais, sabrían
poder : podría, podrías, podría, podríamos, podríais, podrían
querer : querría, querrías, querría, querríamos, querríais, querrían

– 동사 원형에서 모음과 자음이 탈락되는 동사들
hacer : haría, harías, haría, haríamos, haríais, harían
decir : diría, dirías, diría, diríamos, diríais, dirían

2) 용법

a. 가능법은 과거의 어느 시점에서 볼 때 미래의 행위를 표현한다.

Dijo que vendría mañana. 그는 내일 온다고 말했다.

Les prometí a mis padres que estudiaría mucho.
나는 부모님께 열심히 공부하겠다고 약속했다.

Pensabamos que no ocurriría nada.
우리들은 아무 일도 일어나지 않을 것이라고 생각했었다.

b. 과거의 추측을 표현하는 경우

¿Qué hora sería cuando llegaron mis hermanos?
내 동생들이 도착했을 때는 몇 시쯤 되었을까?

Serían las doce de la noche. 밤 12시는 되었을 거야.

Este chico tendría 8 años en aquel tiempo.
이 소년은 그 당시에 8살이었을 거야.

도우미

현재와 미래를 추측하는 경우도 있다:
Me gustaría ver a María. 마리아를 만났으면 좋겠다. (현재)
¿No te equivocarías tú? 혹시 너 틀리지 않았을까? (현재)
Sólo Ud. podría ayudarme. 당신만이 나를 도와줄 수 있을 것이다. (미래)

c. 정중한 표현을 할 때

¿Podría ayudarme a traducirlo? 그것을 번역하는 것을 도와주실 수 있겠습니까?

¿Podría darme media botella de vino[25]? 포도주 반병 주시겠어요?

Podría hacernos una foto? 사진 한 장 찍어주시겠어요?

25) well-being이나 LOJAS族이라는 말이 우리 주변에서 많이 들립니다. 건강에 대한 인간의 관심은 아마도 끊임없이 지속될 것입니다. 우리의 식탁에 자주 올려지는 와인, 그것도 마시다 보면 취하게 되지요. 취중진담(醉中眞談)이라고 하지요. 스페인어에도 유사한 표현이 있습니다. En el vino está la verdad. 음주문화는 약간 다르지만 몸에 알코올이 들어가면 사람이 가슴속의 이야기를 털어놓게 되는 것은 인지상정인가 봅니다.

Expresiones

*** 시장과 관련된 어휘 및 표현**

el mercado 시장
la naranja 오렌지
la manzana 사과
la pera 배
el plátano 바나나 (= la banana)
el melocotón 복숭아
el dátil 대추
el kaki 감
la sandía 수박
la verdura 야채
los cereales 곡물
el trigo 밀
la col 배추
la cebolla 양파
la berenjena 가지
la coliflor 꽃 양배추
el pepino 오이
la seta 버섯
la frutería 과일가게
la pescadería 생선가게
la panadería 빵가게
el estanco 전매품 판매소
la carne 고기
la fruta 과일
las uvas 포도
el tomate 토마토
la piña 파인애플
la fresa 딸기
el albaricoque 살구
la castaña 밤
el melón 멜론
la mandarina 밀감
el arroz 쌀
el maíz 옥수수
la judía 강낭콩(= el fríjol)
la espinaca 시금치
la zanahoria 당근
la lechuga 상치
el espárrago 아스파라거스
el perejil 파셀리
el pimiento 피망
la carnicería 고기가게
la verdulería 야채가게
la librería 서점
el quiosco 신문 가판대
el queso manchego
라만차 지방의 치이즈

¿Puedo servirle a usted?
무엇을 도와 드릴까요?

Un kilo de carne, por favor.
고기 1 킬로그램 주세요.

¿De ésta o de aquélla?
이것이요, 저것이요?

Prefiero de ésta. Parece más fresca.
이것이요. 더 신선한 것 같군요.

¿Qué le pongo?
무엇을 드릴까요?

Una docena de huevos.
달걀 한 다스(= 12개) 주세요.

¿Quiere algo más?
더 필요한 것이 있나요?

Un paquete de azúcar.
설탕 한 봉지 주세요.

¿Algo más?
더 필요한 것이 있나요?

¿A cómo está este queso?
이 치즈 어떻게 팔지요? (얼마입니까?)

A veinte euros el kilo.
킬로당 20 유로입니다.

Pues póngame un cuarto.
그러면 내게 250 그램 주세요.

Quisiera medio kilo de queso manchego.
라만차 지방의 치즈 반 킬로그램 주세요.

¿Es barato? ¿Cuánto cuesta el kilo?
싼 가요? 킬로그램 당 얼마지요?

Veinticinco euros el kilo.
킬로그램 당 25 유로입니다.

¿Dónde se vende pescado?
생선은 어디에서 팝니까?

Se vende en la pescadería.
생선가게에서 팝니다.

¿Tienen ustedes merluza fresca?
신선한 대구 있습니까?

Sí. Es ésta de aquí.
네. 여기 이것이요.

¿A cuánto está?
얼마지요?

A treinta euros el kilo.
킬로그램 당 30 유로입니다.

¡Qué cara! Quisiera algo menos caro.
너무 비싸군요. 덜 비싼 것을 원해요.

Desearía comprar unas frutas.
과일들을 사려고 합니다.

Póngame dos kilos de naranjas y un kilo de manzanas.
내게 오렌지 2 킬로그램과 사과 1 킬로그램 주세요.

Diálogo

Luis	¡María! Tengo hambre. ¿Hay algo de comer?
María	No. Se agotó la comida. Tenemos que ir al mercado.
Luis	¿Se puede fumar aquí en el mercado?
María	No, no se puede.
Luis	Aquí se venden frutas. ¿Quién es el último?
Una señora.	Yo.
Luis	Gracias.
	....
Dependiente	¿Qué querría, señorita?
María	Un kilo de naranjas y dos kilos de manzanas. También tienen tomates? Me gustaría comprar tomates.
Dependiente	Sí. Es éste de aquí.
María	¿A cuánto está?
Dependiente	A dos euros el kilo.
María	Entonces un kilo de tomates, por favor.
Luis	¡Oiga, señor! ¿Sabe dónde se vende carne?
Dependiente	Sí, hay una carnicería al fondo del pasillo. Allí se venden carnes muy frescas.
Luis	¡Ah! La veo. ¿Y por aquí hay una tienda que se venden revistas musicales?
Dependiente	No, no hay ninguna.

Ejercicios

1. A에 있는 물건들을 어디에서 살수 있는지 B에서 찾으시오.

A		B
1) pan	( )	a. estanco
2) carne	( )	b. farmacia
3) libros	( )	c. verdulería
4) zapatos	( )	d. quiosco
5) frutas	( )	e. pescadería
6) sellos	( )	f. zapatería
7) pescado	( )	g. panadería
8) periódicos	( )	h. carnicería
9) verduras	( )	i. frutería
10) aspirina	( )	j. librería

2. 괄호 안의 동사들을 적절한 형태로 채워 넣으시오.

1) Se ___________ (prohibir) fumar aquí.
2) Se ___________ (decir) que este hombre es loco.
3) En este hospital no se ___________ (permitir) visitas a partir de las 20:00.
4) En este país se ___________ (hablar) inglés.
5) Se ___________ (comer) bien en este restaurante.

3. 괄호 안의 동사들을 적절한 형태로 채워 넣으시오.

1) Se _____________ (agotar) las bebidas.
2) Se _____________ (necesitar) dos profesores de español.
3) Se _____________ (solucionar) los problemas.
4) En esta taquilla se _____________ (vender) todas las entradas.
5) Se _____________ (tomar) las medidas sanitarias.

Unidad 13.

En el trabajo

무인칭 표현의 주어가 되는
명사절에서 쓰이는 접속법
형용사절에 쓰이는 접속법
부사절에 쓰이는 접속법
관계사 : 관계형용사와 관계부사

♣ 직업과 관련된 어휘
♣ 직장 생활과 관련된 어휘

¡Hola, Amigos!

Unidad 13.

En el trabajo

Ideas básicas

1. Es posible que Marta lo venda.
   마르따가 그것을 팔 가능성이 있다.
2. Puede que ella contrate a Jacinto.
   그녀가 하신또를 채용할 수 있다.
3. Necesito una secretaria que hable español.
   나는 스페인어를 할 줄 아는 비서가 필요하다.
4. ¿Hay alguien que sepa de contabilidad?
   회계를 아는 사람이 있나요?
5. No puedo hacerlo sin que el jefe me autorice.
   상관의 허가없이 그것을 할 수 없다.
6. Lo pensaré cuando tenga tiempo.
   시간이 있을 때 그것을 생각해 보겠다.
7. Ayer conocí a un hombre, cuyo tío era mi cliente.
   어제 어떤 사람을 알게 되었는데 그의 삼촌은 나의 고객이었다.
8. Enrique va todos los días a donde trabaja su novia.
   엔리께는 매일 애인이 일하는 곳에 간다.

Más conocimientos

1. 무인칭 표현의 주어가 되는 명사절에 쓰이는 접속법

접속법의 기본적인 개념에 대해서는 11과에서 이미 공부한 바 있다. 본과에서는 접속법이 사용되는 여러 경우들을 공부한다. 그 첫 번째가 가능성, 중요성, 필요성, 당연성 등을 표현하는 동사가 술어가 될 때 이 무인칭 표현의 주어가 되는 명사문에서의 접속법 사용이다.

Es imposible que Juan consiga la licencia en un mes.
후안이 한달 안에 면허를 획득하는 것은 불가능하다.

Es importante que ganemos ese partido.
우리가 그 경기를 이기는 것은 중요하다.

Necesita que llueva mucho para mi negocio.
내 사업을 위해서는 비가 많이 오는 것이 필요하다.

Es natural que te pongas nervioso.
네가 긴장하는 것은 당연하다.

다음의 무인칭 표현의 주어가 되는 명사문에는 접속법을 쓴다.

poder	~할지도 모른다 / ~할 수도 있다
ser posible	~할 가능성이 있다
ser probable	~하기가 쉽다
necesitar	~할 필요성이 있다
ser importante	~하는 것이 중요하다
ser suficiente	~하는 것이 충분하다
ser bueno	~하는 것이 좋다
ser conveniente	~하는 것이 합당하다
ser mejor	~하는 편이 낫다
ser fácil	~하는 것이 쉽다
ser difícil	~하는 것이 어렵다
ser necesario	~하는 것이 필요하다
ser natural	~하는 것이 당연하다

도우미

다음 문장들을 비교해 보자.

Es imposible que Manolo lo aprenda. 마놀로가 그것을 배우는 것은 불가능하다.
Para Manolo es imposible aprenderlo. 마놀로에게는 그것을 배우는 것이 불가능하다.
Es imposible aprenderlo. 그것을 배우는 것은 불가능하다.

첫 번째 문장은 종속절의 주어가 명확한 경우이다. 즉 다른 사람이 아닌 '마놀로가 그것을 배우는 것이 불가능하다'라는 의미이다. 이 경우 종속절에 접속법을 사용하지 않고 두 번째 문장처럼 부정사를 사용하여 표현 할 수도 있다. 세 번째 문장은 종속절의 주어가 명확치 않은 경우이며 일반적으로 누구에게나 '그것을 배우는 것은 불가능하다'라는 의미의 표현이다.

2. 형용사절에 쓰이는 접속법

주절이 불확실의 의미가 담겨 부정의 뜻을 표현할 때나 가정의 의미를 지닐 때 형용사절에 접속법이 사용된다. 또는 부정대명사나 부정의 의미를 지닌 명사를 수식하는 형용사절에도 접속법을 사용한다.

Estamos buscando unos hombres que sepan manejar este aparato.
우리는 이 기계를 다룰 줄 아는 사람들을 몇 명 찾고 있다.
Debemos comprar una oficina que tenga por lo menos cinco líneas telefónicas.
우리는 최소한 다섯 개의 전화 회선이 있는 사무실을 구입해야 한다.
No tenemos nadie que nos ayude a conectar los ordenadores.
우리는 컴퓨터를 연결하는 것을 도와줄 사람이 아무도 없다.
¿Hay alguien que sepa conducir el coche?
운전할 줄 아는 사람이 있나요?

도우미

타동사의 목적어로 사람이 올 때는 목적어 앞에 전치사 a를 쓰는 것으로 알고 있다. 그러나 다음 문장에서처럼 그 목적어가 확정된 사람이 아닌 미지의 사람인 경우는 전치사 a를 쓰지 않는다.
Necesito una secretaria que hable español. 스페인어를 하는 비서가 필요하다.

하지만 확정된 사람이 목적어로 오는 경우는 반드시 전치사 a를 붙이고 그 목적어를 수식하는 형용사절에서도 접속법이 아닌 직설법을 사용한다.
Busco a una secretaria que habla español. 스페인어를 하는 비서를 찾고 있다.

3. 부사절에 쓰이는 접속법

1) 방법, 양보, 조건, 가정, 때 등을 표현하는 부사절에서 어떤 동작의 완료가 불확실할 때 접속법을 쓴다. 이럴 때 많이 쓰이는 접속사를 익혀두면 편리하다.

✿ 접속법을 사용하는 부사절을 이끄는 접속사

a. 방법

como	~하는 데로	según	~에 따라
como si	마치 ~처럼	sin que	~함이 없이
a que, para que	~하기 위해	de modo que	~하도록
a fin de que	~할 목적으로		

b. 양보

aunque	비록 ~할지라도
a pesar de que	~한다해도
por+형용사+que	아무리 ~할지라도

c. 조건, 가정

a no ser que	~하는 것이 아니라면
a menos que	~하는 것이 아니라면
con tal (de) que	~하는 조건으로
en caso de que	~하는 경우에는

d. 때

cuando	~할 때는	mientras	~하는 동안에
en tanto que	~하는 동안	siempre que	~할 때는 언제나
antes (de) que	~하기 전에	después (de) que	~한 후에
hasta que	~할 때까지	tan pronto como	~하자마자
apenas	~하자마자		

Hágalo como quiera Ud.
당신이 원하는 데로 하시오.
Por más inteligente que sea él, no puede terminar ese proyecto en un año.
그가 아무리 똑똑하다 할지라도 1년 안에 그 프로젝트를 끝낼 수는 없다.

En caso de que no lo compre Miguel, lo compramos nosotros.
미겔이 그것을 구입하지 않는 경우에는 우리가 그것을 구입할 것이다.

No voy a salir de la oficina antes de que mi jefe salga.
나의 상관이 퇴근하기 전에 나는 퇴근하지 않을 것이다.

도우미

부사절에서 직설법을 쓸 것인지 접속법을 쓸 것인지 선택하는 문제는 가끔 어려운 경우가 많다. 기본적으로 불확실하거나 단순한 가능성만이 있을 때는 접속법을 사용한다.

Aunque llueva, voy a ir al parque.
비가 오더라도 공원에 갈 것이다.

Aunque llueve ahora, voy al parque.
지금 비가 오고 있지만 공원에 간다.

비가 올지 오지 않을지 모르지만 '설령 비가 온다해도 가겠다'라는 의미인 경우 비가 오는 것에 대한 확실성이 없으므로 접속법을 사용하였다.

Cuando venga María, te voy a llamar.
마리아가 오면 너에게 전화하겠다.

Cuando veo a María, siempre le hablo de ti.
마리아를 보면 항상 네 이야기를 한다.

마리아가 올지 오지 않을지 모르지만 '오게 되면 너에게 전화해주겠다'라는 의미일 때도 마찬가지로 접속법을 사용하였다.

2) 접속사에 의해 만들어진 부사절이 아니더라도 의문이나 가능성을 표현하는 부사인 quizá(s), tal vez 등이 사용된 문장에서 접속법을 쓰는 경우도 있다. 물론 직설법을 사용할 수 있으며 이 경우는 의심의 정도가 약한 경우이다.

Tal vez no sea cierto.	아마 사실이 아닐지 몰라.
Tal vez no es cierto.	아마 사실이 아닐 거야.
Quizá tengas razón.	아마 네 말이 맞을지 몰라.
Quizá tienes razón.	아마 네 말이 맞을 거야.

4. 관계사: 관계 형용사와 관계 부사

1) 관계 형용사

관계 형용사에는 cuyo와 cuanto가 있다.

a. cuyo (cuyos, cuya, cuyas)

cuyo는 소유 형용사의 의미를 갖는 관계 형용사이므로 선행사가 아닌 cuyo가 수식하는 명사의 성 · 수에 일치시켜야 한다.

Estuve en unas ciudades cuyos nombres no puedo recordar.
나는 몇몇 도시에 있었는데 그 이름을 기억할 수 없다.

선행사 ciudades에 성 · 수를 일치시켜 cuyas라 하지 않고 수식하는 명사인 nombres에 성 · 수를 일치시켜 cuyos의 형태로 사용하였다.

도우미

다음의 두 문장을 관계 형용사 cuyo를 사용하여 연결시켜 보자.

Por fin leí la novela.
마침내 그 소설을 읽었다.
Me hablabas de su autor siempre.
너는 항상 그 작가에 대하여 나에게 이야기하였다.
Por fin leí la novela de cuyo autor me hablabas siempre.
네가 항상 나에게 말하던 작가의 소설을 마침내 읽었다.

이런 식으로 cuyo가 전치사를 동반할 때의 어순은 명사(선행사) + 전치사 + cuyo + 명사의 순서이다. cuyo와 함께 많이 사용되는 전치사로는 de, en, a 등이 있다.

Compró el hotel en cuyo patio hay una estatua de mármol.
그는 중정에 대리석상이 있는 호텔을 구입하였다.
Ayer llegó un amigo mío a cuyos padres conoces.
네가 그의 부모님을 알고 있는 내 친구가 어제 도착했다.

b. cuanto (cuantos, cuanta, cuantas)

수량의 의미를 지닌(~하는 것 전부, 모두) 관계 형용사로서 수식하는 명사의 성 · 수에 일치한다. 그러나 문법적으로 관계 대명사로 이해되기도 한다.

Ofreció cuanto dinero tenía.
그는 가지고 있던 모든 돈을 제공하였다.

Te devuelvo todo cuanto me diste.
네가 나에게 주었던 모든 것을 네게 되돌려 주겠다.

2) 관계부사

관계부사는 부사와 접속사의 역할을 하며 대체적으로 다음의 세 가지가 있다: donde, cuando, como

También iba a todos los sitios a donde ella iba. (장소)
나 역시 그녀가 가는 곳 어디든지 갔다.

Era primavera cuando fui a Madrid por primera vez. (때)
내가 처음으로 마드리드에 갔을 때는 봄이었다.

Mi padre debe saber la manera como yo sobreviví allí. (방법)
나의 아버지는 내가 어떻게 거기서 살아 남았는 지를 틀림없이 알고 있다.

Expresiones

1) 직업과 관련된 어휘

médico(médica) 의사
farmacéutico(farmacéutica) 약사
maestro(maestra) 교사
programador(programadora) 프로그래머
arquitecto 건축가
recepcionista 리셉션니스트
secretario(secretaria) 비서
artista 예술가
cantante 가수
diseñador(diseñadora) 디자이너
jugador(jugadora) profesional 프로 선수
chofer 운전수
periodista 언론인(기자)

dentista 치과 의사
abogado(abogada) 변호사
ingeniero(ingeniera) 엔지니어
investigador(investigadora) 연구원
contador(contadora) 회계사
camarero(camarera) 웨이터
funcionario del gobierno 공무원
actor(actriz) 배우
bailarín(bailarina) 무용가
guía turística 관광 가이드
vendedor(vendedora) 판매원
taxista 택시 운전수
veterinario(veterinaria) 수의사

2) 직장생활과 관련된 어휘

presidente 회장, 사장
gerente 부서의 장(부장)
supervisor 감독
mesa directiva 간부진
departamento de ventas 판매과
departamento de personal 인사과
departamento de planificación 기획과
nómina 직원명부, 봉급 지불원부
salario (mínimo) (최저) 임금
trimestre 분기
ganancia 수익
viaje del negocio 출장
promoción 승진
productividad 생산성

director (general) (대표) 이사
sub-gerente 부서의 차장
jefe (inmediato) (직속) 상관
empleado(a) 직원
departamente de compras 구매과
departamento de administración 관리과
departamento de desarrollo 개발과
sueldo 봉급
bonificación 보너스
semestre 반기
impuesto 세금
informe 보고서
rentabilidad 수익성
currículum vitae 이력서

Diálogo

Raúl	¿Cómo te va en tu nuevo trabajo?
Salvador	Bien. Pero a veces me pongo nervioso.
Raúl	Es natural que te sientas así, como eres nuevo. Es necesario que intentes acostumbrarte cuanto antes.
Salvador	Quizá tengas razón. Lo intentaré.
Raúl	¿Puedo preguntarte cuánto ganas?
Salvador	Mi salario mensual[27)] es un poco más de dos mil euros.
Raúl	No está mal. Es casi el doble de mi sueldo. También quiero trabajar en una empresa que me pague bien.
Salvador	En mi empresa están buscando un hombre que pueda trabajar por la noche.
Raúl	Aunque me paguen mucho, no voy a trabajar por la noche.
Salvador	Entiendo. Puede que sea muy duro.
Raúl	Bueno. Me voy.
Salvador	También debo irme. Voy a visitar a un cliente cuya influencia es bastante fuerte.
Raúl	¡Buena suerte!
Salvador	Gracias. Y tú, ¿a dónde vas?
Raúl	Voy a donde trabaja mi novia.
Salvador	Buena suerte también.

27) SMIP라고해서 최저임금제도를 가리키는 표현이 있다. Salario Mínimo Interprofesional 의 약어이다. 스페인의 경우에도 경영자측과 노조(sindicato)가 연초에 만나서 전체적인 협상을 하는데 사회대협약(Concertación Social)의 경험이 우리보다 좀 앞서있다고 볼 수 있다. 좌파성격의 Comisiones Obreras, Izquierda Unida가 주도적으로 이끌어왔던 노조운동도 최근에 와서는 매우 중도적인 경향으로 바뀌고 있다.

Ejercicios

1. 보기처럼 다음 설명에 가장 적당한 직업을 맞추어 보시오.

(보기) Representa a un personaje en la película. (actor)

1) Trabaja para el gobierno.
2) Representa y defiende a una persona legalmente.
3) Escribe los artículos del periódico.
4) Dicta clases en la universidad.
5) Hace los programas del ordenador.
6) Prepara los medicamentos.
7) Traza los planos de los edificios.

2. 괄호 안의 동사를 문장에 맞게 변화시키시오.

1) Es posible que _________ (venir) Carlos otra vez.
2) Es mejor que _________ (ir) tú ahora mismo.
3) En esta tienda no hay nada que me _________. (gustar)
4) Nos vamos de aquí antes de que nos _________ (ver) ellos.
5) Necesito un hombre que _________ (saber) de la computación.
6) Voy a comprar una chaqueta para que te la _________. (poner)
7) Es probable que todos _________ (llegar) mañana.

3. 괄호 안에 적당한 관계사를 넣으시오.

1) Esa chica, (   ) hermanos murieron en la guerra, vive aquí.
2) La casa (   ) vivimos es demasiado pequeña.
3) Recibimos (   ) mensajes nos enviaron Uds.
4) Ahora es (   ) debemos ser valientes.
5) No me gusta la manera (   ) hablas.
6) Coma (   ) quiera.
7) Aquí es (   ) ocurrió ese accidente.

Unidad 14.

¿Qué harás en las vacaciones?

직설법 미래

직설법 완료미래

가능법 완료

♣ 관용구 연습

♣ 유용한 표현 연습

¡Hola, Amigos!

Unidad 14. ¿Qu harás en las vacaciones?

Ideas básicas

1. El mes que viene visitaré a mis padres que viven en Barcelona.
   다음 달에 바르셀로나에 사시는 부모님을 방문할 것이다.
2. ¿Cuánto costará el billete del avión hasta Buenos Aires?
   부에노스 아이레스까지 비행기표 값이 얼마가 될까?
3. Me dirás todo lo que hiciste en el semestre pasado.
   네가 지난 학기에 했던 모든 것을 나에게 말해줘.
4. Cuando Ud. vuelva, ya habrán terminado las vacaciones.
   당신이 돌아 올 때는 벌써 방학이 끝나 있을 것이다.
5. A esta hora Consuelo habrá llegado ya al hotel.
   이 시간이면 꼰수엘로는 벌써 호텔에 도착했을 거야.
6. Ellos me dijeron que lo habrían vendido al día siguiente.
   그들은 다음날 그것을 팔았을 것이라고 나에게 말했다.

Más conocimientos

1. 직설법 미래

미래시제를 표현함에 있어 'ir a 동사의 원형(~할 것이다)'은 이미 알고 있다. 그러나 스페인어는 특별한 조동사를 사용하지 않고 동사 자체가 미래형 변화를 하며 용법도 다양하다.

1) 동사 변화

a. 규칙변화

✿ hablar, comer, vivir의 직설법 미래형

hablar	comer	vivir
hablar**é**	comer**é**	vivir**é**
hablar**ás**	comer**ás**	vivir**ás**
hablar**á**	comer**á**	vivir**á**
hablar**emos**	comer**emos**	vivir**emos**
hablar**éis**	comer**éis**	vivir**éis**
hablar**án**	comer**án**	vivir**án**

b. 불규칙변화

다른 형태의 동사 변화와 비교하여 상대적으로 직설법 미래에서 불규칙 변화를 하는 동사는 많지 않다.

– 어미의 모음 ~e와 ~i대신 ~d가 들어가는 동사군

tener : tendré, tendrás, tendrá, tendremos, tendréis, tendrán

poner: pondré, pondrás, pondrá, pondremos, pondréis, pondrán

valer : valdré, valdrás, valdrá, valdremos, valdréis, valdrán

venir : vendré, vendrás, vendrá, vendremos, vendréis, vendrán

salir : saldré, saldrás, saldrá, saldremos, saldréis, saldrán

– 어미의 모음 ~e가 탈락되는 동사군

haber: habré, habrás, habrá, habremos, habréis, habrán

caber: cabré, cabrás, cabrá, cabremos, cabréis, cabrán

saber: sabré, sabrás, sabrá, sabremos, sabréis, sabrán

poder: podré, podrás, podrá, podremos, podréis, podrán
querer : querré, querrás, querrá, querremos, querréis, querrán

– 동사원형에서 모음과 자음이 탈락되는 동사군
hacer: haré, harás, hará, haremos, haréis, harán
decir : diré, dirás, dirá, diremos, diréis, dirán

2) 용법

a. 미래의 행위나 상태를 표현한다.

Mis amigos llegarán a Seúl mañana.
내 친구들은 내일 서울에 도착할 것이다.

Vendrán el mes que viene.
그들은 다음 달에 올 것이다.

b. 현재의 상상이나 가능성을 표현한다.

Ese actor tendrá unos cincuenta años.
그 배우는 대략 50세쯤 됐을 거야.

c. 유순한 표현으로 명령이나 금지를 나타낼 때 사용한다.

Harás tal como te indico.
내가 지시하는 그대로 하여라.

Hoy no saldrás de casa porque llueve.
비가 오니 오늘은 집밖에 나가지 말아라.

2. 직설법 완료미래

1) 형태

"조동사 haber의 미래형 + 과거분사"의 형태를 갖는다.

✿ hablar, comer, vivir의 직설법 완료미래형

단 수			복 수		
habré		hablado	habremos		hablado
habrás	+	comido	habréis	+	comido
habrá		vivido	habrán		vivido

2) 용법

a. 미래의 어느 시점을 기준으로 그 때까지 동작이나 상태가 끝나 있음을 표현한다.

Antes de que tengas suficiente dinero, ya habrán terminado las vacaciones.
네가 충분한 돈을 가졌을 때는, 벌써 방학이 끝나 있을 것이다.

De hoy en ocho días habrán terminado el trabajo.
일주일 후면 그들은 작업을 이미 끝냈을 것이다.

b. 시제에 상관없이 어떤 사실이 완료된 상태나 현재의 상상, 추측을 표현한다.

El profesor Oviedo habrá llegado ayer a Portugal.
오비에도 교수님은 어제 포르투갈에 도착하셨을 것이다.

Su equipo habrá cumplido las misiones hoy.
그의 팀은 오늘 임무를 완수했을 것이다.

3. 가능법 완료

1) 형태

"조동사 haber의 가능법 + 과거분사"의 형태를 갖는다.

✿ hablar, comer, vivir의 가능법 완료형

단 수			복 수		
habría		hablado	habríamos		hablado
habrías	+	comido	habríais	+	comido
habría		vivido	habrían		vivido

2) 용법

a. 과거에서 본 미래의 어느 시점까지는 행위가 완료되었으리라고 상상하거나 추측할 때

Daniel me dijo que Lolita habría hablado del viaje a su papá al día siguiente.
다니엘은 나에게 롤리따가 다음날 자기 아빠에게 여행에 대해 얘기했을 것이라고 말했다.

b. 과거에 어떤 행위가 완료되어 있을 거라고 상상 혹은 추측할 때

Creo que ya habríamos gastado más de veinte mil euros.
우리는 벌써 이만 유로 이상을 써버렸을 거라고 생각해.

c. 가능법의 완료형은 현재나 과거 사실을 반대로 가정할 때 가장 많이 쓰인다. 그러나 본과에서는 생략하고 접속법 과거형을 공부하는 15과에서 자세히 살펴보기로 한다.

Expresiones

1) 관용구 연습

일상적인 표현에 많이 사용되는 관용구를 익혀보자.

Por poco me caí del coche.
하마터면 자동차에서 떨어질 뻔하였다.

A mi juicio Juan tiene toda la culpa.
내 판단으로는 후안에게 모든 잘못이 있다.
(= a mi parecer: 내가 보기엔, a mi modo de ver: 내가 생각컨데)

De todas maneras no tengo nada que ver con eso.
좌우지간 나는 그 일과 전혀 상관없다.
(= en cualquier forma, de todos modos)

El hermano de mi padre, **es decir**, mi tío me invitó a la excursión.
나의 아버지의 형, 다시 말해서 내 삼촌은 나를 그 소풍에 초대했다.
(= o sea)

Vuelva aquí **lo más pronto posible**.
가능한 일찍 여기로 돌아 오세요.

Lleva contigo este libro **por si acaso** te sirva para algo.
만일 너에게 필요할 경우가 생길지도 모르니 이 책을 가지고 가거라.

Si no te sientes bien, vuelve a casa **en seguida**.
기분이 좋지 않으면 즉시 집으로 돌아오너라.
(= inmediatamente, de inmediato)

Empezó a enfadarse **de repente**.
갑자기 화를 내기 시작했다.
(= de golpe, repentinamente)

Recientemente mi familia tiene problemas **por fuera y por dentro**.
최근 우리 가족은 안 밖으로 문제가 생겼다.

2) 유용한 표현 연습

다음의 표현은 스페인어로 어떻게 할지 생각해 보자.

– 놀라움 때문이든지, 공포 때문이든지 모두들 바로 도망가 버렸다.

Fuera de la sorpresa, **fuera** del terror todos se huyeron inmediatamente.

– 네가 준비가 되었든 준비가 되지 않았든 우리는 정각 5시에 나갈꺼야.
너랑 같이가든 못가든 간에 말이야.

Que estés listo o **que no estés** listo, no me importa. Vamos a salir a las cinco en punto contigo o sin ti.

Tanto si estás listo **como si no**, vamos a salir a las cinco en punto.

Que duerma bien./ Que le vaya bien./ Que esté bien.

– 안녕히 주무세요./ 안녕히 가세요./ 안녕히 계세요.

이 문장은 Espero que Ud. duerma bien. 즉 '나는 당신이 잘 자기를 바란다'라는 의미의 문장에서 주절이 생략된 경우로서 거의 관용적인 인사말로 쓰이고 있다.

– 우린 너무 피곤해서 강연회에 참석할 수 없다.

Estamos **tan** cansados **que no podemos** asistir a la conferencia.

Estamos **demasiado** cansados **para** asistir a la conferencia.

– 일을 많이 하면 할수록 그만큼 더 번다.

Cuanto **más** trabaja **(tanto) más** gana.

– 일을 적게 하면 할수록 그만큼 덜 번다.

Cuanto menos trabaja **(tanto) menos** gana.

Diálogo

Consuelo	¿Qué harás en las vacaciones?
Miguel	Visitaré a mis tíos que viven en Bogotá.
Consuelo	¡Qué bien! ¿Cuánto costará el billete del avión hasta allí?
Miguel	No sé exactamente[28]. Creo que costará unos mil dólares.
Consuelo	¿Irás con tu hermana?
Miguel	Ella ya fue ayer por la noche.
Consuelo	¿Habrá llegado ya a Bogotá?
Miguel	Creo que sí. ¿Y qué harás en las vacaciones?
Consuelo	Trabajaré en una tienda. Así podré ahorrar un poco de dinero para el próximo semestre.
Miguel	Está bien.
Consuelo	Pero también quiero pasar unos días en la costa.
Miguel	Claro. Necesitas descansar.
Consuelo	Pienso ir a la costa con mi novio.
Miguel	¿Soló[29] con él?
Consuelo	¿Por qué no? Pero no se lo dirás a nadie, ¿verdad?
Miguel	No te preocupes.

---

28) NPI라는 약어가 있다. 약간의 속어라고도 할 수 있지만 Ni puta idea.를 가끔 약어로 사용한다. '하나도 모르겠다' 라는 뜻이다. puta는 원래 '창녀' 라는 뜻이지만 여기에서는 강조의 의미로 보면 된다. No tengo idea.라는 표현도 '잘 모르겠다' 라는 뜻으로 자주 사용된다.

29) 스페인 격언에 "Más vale estar solo que mal acompañado"라는 표현이 있다. 잘못된 사람들과 어울리는 것 보다 혼자 있는 것이 오히려 낫다는 뜻이다. 악센트가 있는 sólo의 경우 부사이며 solamente, únicamente의 뜻으로 쓰인다.

Ejercicios

1. 다음은 미래 생활에 대한 예측이다. 명제들을 읽고 동의하는지 동의하지 않는지를 표명하고 그 이유를 스페인어로 간단히 설명하시오.
   1) Una mujer podrá ser presidenta de Corea.
   2) Desarrollarán una vacuna contra el SIDA.
   3) El español será la lengua mundial reemplazando al inglés.
   4) Encontrarán alguna manera para curar el cáncer.
   5) No necesitaremos comer gracias a las vitaminas en cápsula.

2. 괄호 안의 동사를 문장에 맞게 미래형, 완료미래형 또는 가능법 완료형으로 만드시오.
   1) Cuando decidas comprar esa casa, ya ___________ (vender).
   2) El avión ___________ (llegar) al aeropuerto a las cinco de la tarde.
   3) Me informaron que su negocio ___________ (fracasar) al año siguiente.
   4) Cuando tengamos tiempo, ___________ (hablar) de ese tema otra vez.
   5) Los directores ___________ (reunirse) mañana para debatir.
   6) Dentro de un año, ya ___________ (terminar) mis estudios.
   7) Le ___________ (contar) todo lo que ha pasado.
   8) Los nuevos estudiantes ___________ (venir) el próximo lunes.
   9) Ya ___________ (ser) las once de la noche por lo menos.
   10) ¿Ves a la chica que está allí? ¿De dónde _________ (ser) ella?

3. 올바른 문장이 되도록 괄호 안에 알맞은 단어를 넣으시오.
   1) Cuanto más estudias, (   ) más aprendes.
   2) Que quieras o (   ) no quieras debes ir a la escuela.
   3) Somos (   ) grandes para jugar con los pequeños.

Unidad 15.

En el banco

접속법 불완료과거

접속법 현재완료

접속법 과거완료(대과거)

♣ 전치사구 연습

♣ 은행과 관련된 어휘

¡Hola, Amigos!

Unidad 15.

En el banco

Ideas básicas

1. **Mi madre quería que Catalina y yo ahorráramos ese dinero.**
   어머니는 까딸리나와 내가 그 돈을 저축하길 바랬었다.
2. **De todas maneras era imposible que José consiguiera el préstamo.**
   어찌되었든 호세가 대출을 받는 것은 불가능했었다.
3. **Necesitaba un hombre que tuviera cuenta en ese banco.**
   나는 그 은행에 구좌를 갖고 있는 사람이 필요했었다.
4. **Le di el dinero para que lo depositara en la cuenta.**
   나는 그에게 구좌에 예치하라고 돈을 주었다.
5. **Si tuviera dinero ahora, lo compraría.**
   지금 돈이 있으면 그것을 살텐데.
6. **No creemos que él haya girado ese cheque.**
   우리는 그가 그 수표를 발행했으리라고 믿지 않는다.
7. **No creí que él hubiera ganado la lotería.**
   나는 그가 복권에 당첨되었으리라고 믿지 않았다.
8. **Si ayer hubiera tenido dinero, lo habría comprado.**
   어제 돈이 있었더라면 그것을 샀었을텐데.

Más conocimientos

1. 접속법 불완료과거

접속법 불완료과거에는 ~ra와 ~se의 두 가지 형태가 있는데 어느 것을 사용하여도 무방하며 완료되지 않은 과거의 행위를 표현할 때 사용된다.

1) 형태

모든 동사의 완료과거 단순형 3인칭 복수가 ~ron으로 끝남을 알고 있다. 여기에서 ~ron을 떼어내고 접속법 불완료과거형 어미를 붙이면 된다.

✿ hablar, comer, vivir의 접속법 불완료과거형을 보자.

hablar	comer	vivir
habla**ra**(-se)	comie**ra**(-se)	vivie**ra**(-se)
habla**ras**(-ses)	comie**ras**(-ses)	vivie**ras**(-ses)
habla**ra**(-se)	comie**ra**(-se)	vivie**ra**(-se)
hablá**ramos**(-semos)	comié**ramos**(-semos)	vivié**ramos**(-semos)
habla**rais**(-seis)	comie**rais**(-seis)	vivie**rais**(-seis)
habla**ran**(-sen)	comie**ran**(-ses)	vivie**ran**(-sen)

접속법 불완료과거형은 특별한 불규칙 변화형이 없고 직설법 완료과거 단순형이 불규칙 변화하는 동사라면 이에 준한다.
몇몇 동사의 경우를 살펴보자.

동사 원형	직설법 완료과거단순형 (3인칭 복수형)	접속법 불완료과거형
dar	**die**ron	diera(diese)
estar	**estuvie**ron	estuviera(estuviese)
caber	**cupie**ron	cupiera(cupiese)
dormir	**durmie**ron	durmiera(durmiese)
decir	**dije**ron	dijera(dijese)
ir	**fue**ron	fuera(fuese)

2) 용법

a. 명사절에 사용되는 경우

기본적으로 접속법 현재의 용법과 비슷하고 다만 시제가 과거란 점만 다르다. 즉 주절의 동사가 대체적으로 직설법 불완료과거나 완료과거 단순형이다.

Te dije que vinieras cuanto antes. 가능한 빨리 오라고 얘기했다.

b. 무인칭 표현의 명사절에 사용되는 경우

Era imposible que Cenicienta fuera a la fiesta.
신데렐라가 파티에 가는 것은 불가능했었다.

c. 형용사절에 사용되는 경우

Iba a hacer todo lo que Ud. dijera.
당신이 말하는 것은 모두 하려고 했었다.

d. 부사절에 사용되는 경우

Mandé a mi hijo a España para que estudiara literatura medieval.
나는 중세 문학을 공부하라고 내 아들을 스페인에 보냈다.

e. 현재 사실에 반대되는 가정문

접속사는 조건을 나타내는 si를 사용하며 조건문에 접속법 불완료과거를 쓰고 귀결문에 가능법 현재를 쓴다.

Si + 접속법 분완료과거, 가능법
조건문 귀결문

Si tuviera más tiempo, lo podría terminar.
시간이 더 있다면 그것을 끝낼 수 있을 텐데.
(현재 시간이 없어서 끝낼 수가 없다)

2. 접속법 현재완료

1) 형태

"조동사 haber의 접속법 현재형 + 과거분사"의 형태이다.

✿ hablar, comer, vivir의 접속법 현재완료

단 수			복 수		
haya		hablado	hayamos		hablado
hayas	+	comido	hayáis	+	comido
haya		vivido	hayan		vivido

2) 용법

a. 종속절의 주어의 행위가 과거에 이루어졌으리라는 것을 현재에 부정, 호의, 유감으로 여길 때 쓰인다.

No creemos que Carlos haya llegado a tiempo.
우리는 까를로스가 제시간에 도착했으리라고 믿지 않는다.

b. 종속절의 내용이 이미 실제로 이루어진 행위라도 주절의 동사가 개인적인 감정 등을 의미하는 동사인 경우에 쓰인다.

Me alegro de que tú hayas vuelto. 네가 돌아와서 나는 기쁘다.

3. 접속법 과거완료(대과거)

1) 형태

"조동사 haber의 접속법 불완료 과거형 + 과거분사"의 형태이다.

✿ hablar, comer, vivir의 접속법 과거완료

단 수			복 수		
hubiera(se)		hablado	hubiéramos(semos)		hablado
hubieras(ses)	+	comido	hubierais(seis)	+	comido
hubiera(se)		vivido	hubieran(ses)		vivido

2) 용법

a. 주절의 행위보다 종속절의 행위가 먼저 완료됐으리라는 것을 표현할 때

No sabía que tu esposa hubiera conseguido ese trabajo.
너의 아내가 그 일을 얻었으리라는 것을 모르고 있었다.

b. 과거 사실에 반대되는 가정문에 사용

접속사는 si를 사용하며 조건문에 접속법 과거완료를 쓰고, 귀결문에는 가능법 완료형을 쓴다.

Si + 접속법 과거완료형,	가능법 완료형.
조건문	귀결문

Si hubiera más tiempo, lo habría podido terminar.
시간이 더 있었더라면, 그것을 끝낼 수 있었을 텐데.
(시간이 없었으므로 결국은 끝내지 못하였다)

Expresiones

1) 전치사구 연습

- Hay que pagar la deuda **dentro de** noventa días.
  90일 이내에 빚을 갚아야한다.
- Debe estar el sospechoso **dentro del** edificio.
  용의자가 틀림없이 건물 안에 있다.
- Van a aprobar la solicitud del préstamo **a principios de** este mes.
  이 달 초순경에 대출 신청을 승인할 것이다.
  (a mediados de: 중순경에, a fines de: 말경에)
- Ella me estaba esperando **al final de** esta calle.
  그녀는 이 길의 끝에서 나를 기다리고 있었다.
- Quiero que estés **junto a** mí.
  나는 네가 나와 함께 있기를 바란다.
- Su escuela está **junto a** la mía.
  그의 학교는 나의 학교 옆에(같이) 있다.
- El niño está acostado **debajo del** árbol.
  어린이는 나무 밑에 누워있다.
- El sobre estaba **encima de** la mesa.
  봉투는 탁자 위에 있었다.
- Daniel confesó todos los delitos que había cometido **delante de** la gente.
  다니엘은 사람들 앞에서 자기가 저지른 모든 일을 고백했다.
  (frente a, enfrente de: ~**앞에**)
- La oficina de mi padre está **detrás de** la plaza.
  아버지의 사무실은 광장 뒷편에 있다.
- El rey se sentó **al lado de** la reina.
  왕은 왕비 옆에 앉았다.
- **En cuanto a** literatura nadie sabe mejor que el prof. Mentesa.
  문학에 관해서는 아무도 멘떼사 교수보다 잘 알지 못한다.
- **Respecto a** lo que pasó ayer no tengo nada que decirle.
  어제 일어난 일에 관해서는 드릴 말씀이 없습니다.
- Ésta pesa un poco más **en comparación con** ésa.
  그것과 비교하여 이것은 조금 더 무겁다.
- Conocí a ese cantante **por medio de** un amigo.
  친구를 통해서 그 가수를 알았다.
- No pudimos llegar a tiempo **debido a** la inundación.
  우리는 홍수 때문에 제 시간에 도착하지 못했다.

- **Gracias a** su ayuda pude solucionar ese problema.
  당신의 도움 덕분에 그 문제를 해결할 수 있었습니다.
- Esta casa es cara, **además de** ser vieja.
  이 집은 오래된데다가 비싸다. (낡은 것뿐 아니라 비싸기까지 하다)
- Manolo insiste en hacer eso **pese a** mis consejos.
  마놀로는 나의 충고에도 불구하고 그것을 하려고 고집을 피운다.

2) 은행과 관련된 어휘

은행관련 용어는 나라마다 조금씩 다르다. 일반적으로 많이 사용하는 용어를 중심으로 공부해보자.

la cuenta corriente 당좌 계좌
el cheque 수표
el interés 이자
la tasa de cambio 환율
el cajero automático 자동 현금지급기
el giro 지로
el certificado de saldo **잔고증명**
la transferencia (계좌) 이체
la cuenta de ahorro 저축예금 계좌
el principal 원금
la tasa de interés 이자율
la moneda extranjera 외환
el préstamo bancario 은행 융자
el saldo 잔고
la libreta 통장(= la cartilla)

Diálogo

Cajero	¿En qué puedo servirle?
Eduardo	Quiero abrir una cuenta en este banco.
Cajero	¿Quiere una cuenta corriente o de ahorros?
Eduardo	Yo quiero ambas. Pero, ¿cuál es la diferencia?
Cajero	Con una cuenta corriente podrá usar el cheque personal. Pero no le dan intereses. Con la de ahorros, al contrario.
Eduardo	Si lo hubiera sabido, las habría abierto antes. Mi mujer siempre quería que yo tuviera una cuenta bancaria. ¿Qué debo presentarle para abrirlas?
Cajero	Primero rellene este formulario. ¿Y me permite su carnet de identidad para fotocopiarlo?
Eduardo	Claro. ¿Será posible que yo deposite el dinero en la cuenta de mi mujer? Ella me dio el dinero para que lo depositara en su cuenta.
Cajero	También lo puede hacer.
Eduardo	¿Puedo consultarle a Ud. sobre el préstamo también? Quiero comprar una casa que tiene un jardín grande. Si tuviera dinero ahora, ya compraría una.
Cajero	Para solicitar el préstamo, tiene que conseguir tres referencias personales y un aval.
Eduardo	Entiendo.
Cajero	Ya está. Aquí tiene su libreta, libreta de cheques y tarjeta para el cajero automático. Y debe mantener por lo menos cien euros en cada cuenta como saldo mínimo.
Eduardo	Muchas gracias.

Ejercicios

1. 당신은 최근 구입한 가구의 대금을 지급하기 위해 당신이 가지고 있는 스페인 은행 BEX당좌 계좌의 개인 수표를 발행하려한다. 다음은 수표 용지이다. 제시된 조건에 맞게 수표를 발행하시오.

지불 대상자: Muebles Martínez Co. 지불금액: 천 유로

BEX BANCO EXTERIOR DE ESPAÑA CUENTA DE EUROS
JUAN RAMON JIMENEZ, 11 0109 10 030 10132 17
AGENCIA 10, MADRID A1
EUROS____________________
PAGUESE POR ESTE CHEQUE A____________________
EUROS____
____
____________________DE________DE 20__________
Serie 098 No. 2.323.981. 2 CI 4101 6 (La fecha debe consignarse en letra)

____

2. 괄호 안의 동사를 문장에 맞게 변화시키시오.

1) Mi padre nos ordenó que mi hermana y yo __________ (comer) todo.
2) Era imposible que José __________ (perder) ese examen.
3) Estaba buscando una mujer que __________ (casarse) conmigo.
4) El señor López mandó a su hijo a España para que __________ (estudiar) español.
5) Si __________ (tener) más tiempo, habríamos ganado el partido.
6) No podemos creer que ese niño __________ (romper) ese jarrón.
7) No pensé que María __________ (leer) esa novela.
8) Si yo fuera un pájaro, __________ (volar) por todas las partes del mundo.
9) Yo quería tanto que ellos __________ (poder) vivir con sus padres.
10) Si lo __________ (saber) antes, nunca habrían venido hasta aquí.

동사 변화 (규칙동사)

법	직 설 법				
시제 / 동사	현재	완료과거단순형 (부정과거)	불완료과거	미래	조건
hablar 말하다 hablando hablado	hablo hablas habla hablamos habláis hablan	hablé hablaste habló hablamos hablasteis hablaron	hablaba hablabas hablaba hablábamos hablabais hablaban	hablaré hablarás hablará hablaremos hablaréis hablarán	hablaría hablarías hablaría hablaríamos hablaríais hablarían
comer 먹다 comiendo comido	como comes come comemos coméis comen	comí comiste comió comimos comisteis comieron	comía comías comía comíamos comíais comían	comeré comerás comerá comeremos comeréis comerán	comería comerías comería comeríamos comeríais comerían
vivir 살다 viviendo vivido	vivo vives vive vivimos vivís viven	viví viviste vivió vivimos vivisteis vivieron	vivía vivías vivía vivíamos vivíais vivían	viviré vivirás vivirá viviremos viviréis vivirán	viviría vivirías viviría viviríamos viviríais vivirían

접 속 법				명령법
현재	불완료과거 (ra형)	불완료과거 (se형)	미래	현재
hable hables hable hablemos habléis hablen	hablara hablaras hablara habláramos hablarais hablaran	hablase hablases hablase hablásemos hablaseis hablasen	hablare hablares hablare habláremos hablareis hablaren	x habla hable hablemos hablad hablen
coma comas coma comamos comáis coman	comiera comieras comiera comiéramos comierais comieran	comiese comieses comiese comiésemos comieseis comiesen	comiere comieres comiere comiéremos comiereis comieren	x come coma comamos comed coman
viva vivas viva vivamos viváis vivan	viviera vivieras viviera viviéramos vivierais vivieran	viviese vivieses viviese viviésemos vivieseis viviesen	viviere vivieres viviere viviéremos viviereis vivieren	x vive viva vivamos vivid vivan

동사 변화 (규칙동사)

법	직설법				
시제 / 동사	현재	완료과거단순형 (부정과거)	불완료과거	미래	조건
actuar 움직이다 actuando actuado	actúo actúas actúa actuamos actuáis actúan	actué actuaste actuó actuamos actuasteis actuaron	actuaba actuabas actuaba actuábamos actuabais actuaban	actuaré actuarás actuará actuaremos actuaréis actuarán	actuaría actuarías actuaría actuaríamos actuaríais actuarían
adecuar 알맞게하다 adecuando adecuado	adecuo adecuas adecua adecuamos adecuáis adecuan	adecué adecuaste adecuó adecuamos adecuasteis adecuaron	adecuaba adecuabas adecuaba adecuábamos adecuabais adecuaban	adecuaré adecuarás adecuará adecuaremos adecuaréis adecuarán	adecuaría adecuarías adecuaría adecuaríamos adecuaríais adecuarían
adquirir 획득하다 adquiriendo adquirido	adquiero adquieres adquiere adquirimos adquirís adquieren	adquirí adquiriste adquirió adquirimos adquiristeis adquirieron	adquiría adquirías adquiría adquiríamos adquiríais adquirían	adquiriré adquirirás adquirirá adquiriremos adquiriréis adquirirán	adquiriría adquirirías adquiriría adquiriríamos adquiriríais adquirirían
advertir 알아채다 advirtiendo advertido	advierto adviertes advierte advertimos advertís advierten	advertí advertiste advirtió advertimos advertisteis advirtieron	advertía advertías advertía advertíamos advertíais advertían	advertiré advertirás advertirá advertiremos advertiréis advertirán	advertiría advertirías advertiría advertiríamos advertiríais advertirían
andar 걷다 andando andado	ando andas anda andamos andáis andan	anduve anduviste anduvo anduvimos anduvisteis anduvieron	andaba andabas andaba andábamos andabais andaban	andaré andarás andará andaremos andaréis andarán	andaría andarías andaría andaríamos andaríais andarían

접 속 법				명령법
현재	불완료과거 (ra형)	불완료과거 (se형)	미래	현재
actúe actúes actúe actuemos actuéis actúen	actuara actuaras actuara actuáramos actuarais actuaran	actuase actuases actuase actuásemos actuaseis actuasen	actuare actuares actuare actuáremos actuareis actuaren	x actúa actúe actuemos actuad actúen
adecue adecues adecue adecuemos adecuéis adecuen	adecuara adecuaras adecuara adecuáramos adecuarais adecuaran	adecuase adecuases adecuase adecuásemos adecuaseis adecuasen	adecuare adecuares adecuare adecuáremos adecuareis adecuaren	x adecua adecue adecuemos adecuad adecuen
adquiera adquieras adquiera adquiramos adquiráis adquieran	adquiriera adquirieras adquiriera adquiriéramos adquirierais adquirieran	adquiriese adquirieses adquiriese adquiriésemos adquirieseis adquiriesen	adquiriere adquirieres adquiriere adquiriéremos adquiriereis adquirieren	x adquiere adquiera adquiramos adquirid adquieran
advierta adviertas advierta advirtamos advirtáis adviertan	advirtiera advirtieras advirtiera advirtiéramos advirtierais advirtieran	advirtiese advirtieses advirtiese advirtiésemos advirtieseis advirtiesen	advirtiere advirtieres advirtiere advirtiéremos advirtiereis advirtieren	x advierte advierta advirtamos advertid adviertan
ande andes ande andemos andéis anden	anduviera anduvieras anduviera anduviéramos anduvierais anduvieran	anduviese anduvieses anduviese anduviésemos anduvieseis anduviesen	anduviere anduvieres anduviere anduviéremos anduviereis anduvieren	x anda ande andemos andad anden

법	직 설 법				
시제 동사	현재	완료과거단순형 (부정과거)	불완료과거	미래	조건
asir 쥐다 asiendo asido	asgo ases ase asimos asís asen	así asiste asió asimos asisteis asieron	asía asías asía asíamos asíais asían	asiré asirás asirá asiremos asiréis asirán	asiría asirías asiría asiríamos asiríais asirían
caber 들어차다 cabiendo cabido	quepo cabes cabe cabemos cabéis caben	cupe cupiste cupo cupimos cupisteis cupieron	cabía cabías cabía cabíamos cabíais cabían	cabré cabrás cabrá cabremos cabréis cabrán	cabría cabrías cabría cabríamos cabríais cabrían
caer 떨어지다 cayendo caído	caigo caes cae caemos caéis caen	caí caíste cayó caímos caísteis cayeron	caía caías caía caíamos caíais caían	caeré caerás caerá caeremos caeréis caerán	caería caerías caería caeríamos caeríais caerían
cambiar 바꾸다 cambiando cambido	cambio cambias cambia cambiamos cambiáis cambian	cambié cambiaste cambió cambiamos cambiasteis cambiaron	cambía cambías cambía cambíamos cambíais cambían	cambiaré cambiarás cambiará cambiaremos cambiaréis cambiarán	cambiaría cambiarías cambiaría cambiaríamos cambiaríais cambiarían
coger 쥐다, 잡다 cogiendo cogido	cojo coges coge cogemos cogéis cogen	cogí cogiste cogió cogimos cogisteis cogieron	cogía cogías cogía cogíamos cogíais cogían	cogeré cogerás cogerá cogeremos cogeréis cogerán	cogería cogerías cogería cogeríamos cogeríais cogerían

접 속 법				명령법
현재	불완료과거 (ra형)	불완료과거 (se형)	미래	현재
asga asgas asga asgamos asgáis asgan	asiera asieras asiera asiéramos asierais asieran	asiese asieses asiese asiésemos asieseis asiesen	asiere asieres asiere asiéremos asiereis asieren	x ase asga asgamos asid asgan
quepa quepas quepa quepamos quepáis quepan	cupiera cupieras cupiera cupiéramos cupierais cupieran	cupiese cupieses cupiese cupiésemos cupieseis cupiesen	cupiere cupieres cupiere cupiéremos cupiereis cupieren	x cabe quepa quepamos cabed quepan
caiga caigas caiga caigamos caigáis caigan	cayera cayeras cayera cayéramos cayerais cayeran	cayese cayeses cayese cayésemos cayeseis cayesen	cayere cayeres cayere cayéremos cayereis cayeren	x cae caiga caigamos caed caigan
cambie cambies cambie cambiemos cambiéis cambien	cambiara cambiaras cambiara cambiáramos cambiarais cambiaran	cambiase cambiases cambiase cambiásemos cambiaseis cambiasen	cambiare cambiares cambiare cambiáremos cambiareis cambiaren	x cambia cambie cambiemos cambiad cambien
coja cojas coja cojamos cojáis cojan	cogiera cogieras cogiera cogiéramos cogierais cogieran	cogiese cogieses cogiese cogiésemos cogieseis cogiesen	cogiere cogieres cogiere cogiéremos cogiereis cogieren	x coge coja cojamos coged cojan

법	직 설 법				
시제 / 동사	현재	완료과거단순형 (부정과거)	불완료과거	미래	조건
conocer 알다 conociendo conocido	conozco conoces conoce conocemos conocéis conocen	conocí conociste conoció conocimos conocisteis conocieron	conocía conocías conocía conocíamos conocíais conocían	conoceré conocerás conocerá conoceremos conoceréis conocerán	conocería conocerías conocería conoceríamos conoceríais conocerían
construir 건설하다 construyendo construido	construyo construyes construye construimos construís construyen	construí construiste construyó construimos construisteis construyeron	construía construías construía construíamos construíais construían	construiré construirás construirá construiremos construiréis construirán	construiría construirías construiría construiríamos construiríais construirían
contar 세다 contando contado	cuento cuentas cuenta contamos contáis cuentan	conté contaste contó contamos contasteis contaron	contaba contabas contaba contábamos contabais contaban	contaré contarás contará contaremos contaréis contarán	contaría contarías contaría contaríamos contaríais contarían
continuar 계속하다 continuando continuado	continúo continúas continúa continuamos continuáis continúan	continué continuaste continuó continuamos continuasteis continuaron	continuaba continuabas continuaba continuábamos continuabais continuaban	continuaré continuarás continuará continuaremos continuaréis continuarán	continuaría continuarías continuaría continuaríamos continuaríais continuarían
crecer 성장하다 creciendo crecido	crezco creces crece crecemos crecéis crecen	crecí creciste creció crecimos crecisteis crecieron	crecía crecías crecía crecíamos crecíais crecían	creceré crecerás crecerá creceremos creceréis crecerán	crecería crecerías crecería creceríamos creceríais crecerían

접속법				명령법
현재	불완료과거 (ra형)	불완료과거 (se형)	미래	현재
conozca conozcas conozca conozcamos conozcáis conozcan	conociera conocieras conociera conociéramos conocierais conocieran	conociese conocieses conociese conociésemos conocieseis conociesen	conociere conocieres conociere conociéremos conociereis conocieren	x conoce conozca conozcamos conoced conozcan
construya construyas construya construyamos construyáis construyan	construyera construyeras construyera construyéramos construyerais construyeran	construyese construyeses construyese construyésemos construyeseis construyesen	construyere construyeres construyere construyéremos construyereis construyeren	x construye construya construyamos construid construyan
cuente cuentes cuente contemos contéis cuenten	contara contaras contara contáramos contarais contaran	contase contases contase contásemos contaseis contasen	contare contares contare contáremos contareis contaren	x cuenta cuente contemos contad cuenten
continúe continúes continúe continuemos continuéis continúen	continuara continuaras continuara continuáramos continuarais continuaran	continuase continuases continuase continuásemos continuaseis continuasen	continuare continuares continuare continuáremos continuareis continuaren	x continúa continúe continuemos continuad continúen
crezca crezcas crezca crezcamos crezcáis crezcan	creciera crecieras creciera creciéramos crecierais crecieran	creciese crecieses creciese creciésemos crecieseis creciesen	creciere crecieres creciere creciéremos creciereis crecieren	x crece crezca crezcamos creced crezcan

법	직 설 법				
시제 / 동사	현재	완료과거단순형 (부정과거)	불완료과거	미래	조건
dar 주다 dando dado	doy das da damos dais dan	di diste dio dimos disteis dieron	daba dabas daba dábamos dabais daban	daré darás dará daremos daréis darán	daría darías daría daríamos daríais darían
decir 말하다 diciendo dicho	digo dices dice decimos decís dicen	dije dijiste dijo dijimos dijisteis dijeron	decía decías decía decíamos decíais decían	diré dirás dirá diremos diréis dirán	diría dirías diría diríamos diríais dirían
despedir 전송하다 despidiendo despedido	despido despides despide despedimos despedís despiden	despedí despediste despidió despedimos despedisteis despidieron	despedía despedías despedía despedíamos despedíais despedían	despediré despedirás despedirá despediremos despediréis despedirán	despediría despedirías despediría despediríamos despediríais despedirían
divertir 즐겁게하다 divirtiendo divertido	divierto diviertes divierte divertimos divertís divierten	divertí divertiste divirtió divertimos divertisteis divirtieron	divertía divertías divertía divertíamos divertíais divertían	divertiré divertirás divertirá divertiremos divertiréis divertirán	divertiría divertirías divertiría divertiríamos divertiríais divertirían
dormir 재우다 durmiendo dormido	duermo duermes duerme dormimos dormís duermen	dormí dormiste durmió dormimos dormisteis durmieron	dormía dormías dormía dormíamos dormíais dormían	dormiré dormirás dormirá dormiremos dormiréis dormirán	dormiría dormirías dormiría dormiríamos dormiríais dormirían

접 속 법				명령법
현재	불완료과거 (ra형)	불완료과거 (se형)	미래	현재
dé des dé demos deis den	diera dieras diera diéramos dierais dieran	diese dieses diese diésemos dieseis diesen	diere dieres diere diéremos diereis dieren	x da dé demos dad den
diga digas diga digamos digáis digan	dijera dijeras dijera dijéramos dijerais dijeran	dijese dijeses dijese dijésemos dijeseis dijesen	dijere dijeres dijere dijéremos dijereis dijeren	x di diga digamos decid digan
despida despidas despida despidamos despidáis despidan	despidiera despidieras despidiera despidiéramos despidierais despidieran	despidiese despidieses despidiese despidiésemos despidieseis despidiesen	despidiere despidieres despidiere despidiéremos despidiereis despidieren	x despide despida despidamos despedid despidan
divierta diviertas divierta divirtamos divirtáis diviertan	divirtiera divirtieras divirtiera divirtiéramos divirtierais divirtieran	divirtiese divirtieses divirtiese divirtiésemos divirtieseis divirtiesen	divirtiere divirtieres divirtiere divirtiéremos divirtiereis divirtieren	x divierte divierta divirtamos divertid diviertan
duerma duermas duerma durmamos durmáis duerman	durmiera durmieras durmiera durmiéramos durmierais durmieran	durmiese durmieses durmiese durmiésemos durmieseis durmiesen	durmiere durmieres durmiere durmiéremos durmiereis durmieren	x duerme duerma durmamos dormid duerman

법	직 설 법				
시제 / 동사	현재	완료과거단순형 (부정과거)	불완료과거	미래	조건
empezar 시작하다 empezando empezado	empiezo empiezas empieza empezamos empezáis empiezan	empecé empezaste empezó empezamos empezasteis empezaron	empezaba empezabas empezaba empezábamos empezabais empezaban	empezaré empezarás empezará empezaremos empezaréis empezarán	empezaría empezarías empezaría empezaríamos empezaríais empezarían
encender 불을 켜다 encendiendo encendido	enciendo enciendes enciende encendemos encendéis encienden	encendí encendiste encendió encendimos encendisteis encendieron	encendía encendías encendía encendíamos encendíais encendían	encenderé encenderás encenderá encenderemos encenderéis encenderán	encendería encenderías encendería encenderíamos encenderíais encenderían
encontrar 발견하다 encontrando encontrado	encuentro encuentras encuentra encontramos encontráis encuentran	encontré encontraste encontró encontramos encontrasteis encontraron	encontraba encontrabas encontraba encontrábamos encontrabais encontraban	encontraré encontrarás encontrará encontraremos encontraréis encontrarán	encontraría encontrarías encontraría encontraríamos encontraríais encontrarían
entender 이해하다 entendiendo entendido	entiendo entiendes entiende entendemos entendéis entienden	entendí entendiste entendió entendimos entendisteis entendieron	entendía entendías entendía entendíamos entendíais entendían	entenderé entenderás entenderá entenderemos entenderéis entenderán	entendería entenderías entendería entenderíamos entenderíais entenderían
enviar 보내다 enviando enviado	envío envías envía enviamos enviáis envían	envié enviaste envió enviamos enviasteis enviaron	enviaba enviabas enviaba enviábamos enviabais enviaban	enviaré enviarás enviará enviaremos enviaréis enviarán	enviaría enviarías enviaría enviaríamos enviaríais enviarían

접 속 법				명령법
현재	불완료과거 (ra형)	불완료과거 (se형)	미래	현재
empiece empieces empiece empecemos empecéis empiecen	empezara empezaras empezara empezáramos empezarais empezaran	empezase empezases empezase empezásemos empezaseis empezasen	empezare empezares empezare empezáremos empezareis empezaren	x empieza empiece empecemos empezad empiecen
encienda enciendas encienda encendamos encendáis enciendan	encendiera encendieras encendiera encendiéramos encendierais encendieran	encendiese encendieses encendiese encendiésemos encendieseis encendiesen	encendiere encendieres encendiere encendiéremos encendiereis encendieren	x enciende encienda encendamos encended enciendan
encuentre encuentres encuentre encontremos encontréis encuentren	encontrara encontraras encontrara encontráramos encontrarais encontraran	encontrase encontrases encontrase encontrásemos encontraseis encontrasen	encontrare encontrares encontrare encontráremos encontrareis encontraren	x encuentra encuentre encontremos encontrad encuentren
entienda entiendas entienda entendamos entendáis entiendan	entendiera entendieras entendiera entendiéramos entendierais entendieran	entendiese entendieses entendiese entendiésemos entendieseis entendiesen	entendiere entendieres entendiere entendiéremos entendiereis entendieren	x entiende entienda entendamos entended entiendan
envíe envíes envíe enviemos enviéis envíen	enviara enviaras enviara enviáramos enviarais enviaran	enviase enviases enviase enviásemos enviaseis enviasen	enviare enviares enviare enviáremos enviareis enviaren	x envía envíe enviemos enviad envíen

법	직 설 법				
시제 / 동사	현재	완료과거단순형 (부정과거)	불완료과거	미래	조건
estar ~이다 estando estado	estoy estás está estamos estáis están	estuve estuviste estuvo estuvimos estuvisteis estuvieron	estaba estabas estaba estábamos estabais estaban	estaré estarás estará estaremos estaréis estarán	estaría estarías estaría estaríamos estaríais estarían
haber 갖다 habiendo habido	he has ha,hay hemos habéis han	hube hubiste hubo hubimos hubisteis hubieron	había habías había habíamos habíais habían	habré habrás habrá habremos habréis habrán	habría habrías habría habríamos habríais habrían
hacer ~하다 haciendo hecho	hago haces hace hacemos hacéis hacen	hice hiciste hizo hicimos hicisteis hicieron	hacía hacías hacía hacíamos hacíais hacían	haré harás hará haremos haréis harán	haría harías haría haríamos haríais harían
huir 도망치다 huyendo huido	huyo huyes huye huimos huis huyen	hui huiste huyó huimos huisteis huyeron	huía huías huía huíamos huíais huían	huiré huirás huirá huiremos huiréis huirán	huiría huirías huiría huiríamos huiríais huirían
ir 가다 yendo ido	voy vas va vamos vais van	fui fuiste fue fuimos fuisteis fueron	iba ibas iba íbamos ibais iban	iré irás irá iremos iréis irán	iría irías iría iríamos iríais irían

접 속 법				명령법
현재	불완료과거 (ra형)	불완료과거 (se형)	미래	현재
esté estés esté estemos estéis estén	estuviera estuvieras estuviera estuviéramos estuvierais estuvieran	estuviese estuvieses estuviese estuviésemos estuvieseis estuviesen	estuviere estuvieres estuviere estuviéremos estuviereis estuvieren	x está esté estemos estad estén
haya hayas haya hayamos hayáis hayan	hubiera hubieras hubiera hubiéramos hubierais hubieran	hubiese hubieses hubiese hubiésemos hubieseis hubiesen	hubiere hubieres hubiere hubiéremos hubiereis hubieren	x he haya hayamos habed hayan
haga hagas haga hagamos hagáis hagan	hiciera hicieras hiciera hiciéramos hicierais hicieran	hiciese hicieses hiciese hiciésemos hicieseis hiciesen	hiciere hicieres hiciere hiciéremos hiciereis hicieren	x haz haga hagamos haced hagan
huya huyas huya huyamos huyáis huyan	huyera huyeras huyera huyéramos huyerais huyeran	huyese huyeses huyese huyésemos huyeseis huyesen	huyere huyeres huyere huyéremos huyereis huyeren	x huye huya huyamos huid huyan
vaya vayas vaya vayamos vayáis vayan	fuera fueras fuera fuéramos fuerais fueran	fuese fueses fuese fuésemos fueseis fuesen	fuere fueres fuere fuéremos fuereis fueren	x ve vaya vamos id vayan

법	직 설 법				
시제 / 동사	현재	완료과거단순형 (부정과거)	불완료과거	미래	조건
jugar 놀다 jugando jugado	juego juegas juega jugamos jugáis juegan	jugué jugaste jugó jugamos jugasteis jugaron	jugaba jugabas jugaba jugábamos jugabais jugaban	jugaré jugarás jugará jugaremos jugaréis jugarán	jugaría jugarías jugaría jugaríamos jugaríais jugarían
leer 읽다 leyendo leído	leo lees lee leemos leéis leen	leí leíste leyó leímos leísteis leyeron	leía leías leía leíamos leíais leían	leeré leerás leerá leeremos leeréis leerán	leería leerías leería leeríamos leeríais leerían
mentir 거짓말하다 mintiendo mentido	miento mientes miente mentimos mentís mienten	mentí mentiste mintió mentimos mentisteis mintieron	mentía mentías mentía mentíamos mentíais mentían	mentiré mentirás mentirá mentiremos mentiréis mentirán	mentiría mentirías mentiría mentiríamos mentiríais mentirían
morir 죽다 muriendo muerto	muero mueres muere morimos morís mueren	morí moriste murió morimos moristeis murieron	moría morías moría moríamos moríais morían	moriré morirás morirá moriremos moriréis morirán	moriría morirías moriría moriríamos moriríais morirían
nacer 태어나다 naciendo nacido	nazco naces nace nacemos nacéis nacen	nací naciste nació nacimos nacisteis nacieron	nacía nacías nacía nacíamos nacíais nacían	naceré nacerás nacerá naceremos naceréis nacerán	nacería nacerías nacería naceríamos naceríais nacerían

접 속 법				명령법
현재	불완료과거 (ra형)	불완료과거 (se형)	미래	현재
juegue juegues juegue juguemos juguéis jueguen	jugara jugaras jugara jugáramos jugarais jugaran	jugase jugases jugase jugásemos jugaseis jugasen	jugare jugares jugare jugáremos jugareis jugaren	x juega juegue juguemos jugad jueguen
lea leas lea leamos leáis lean	leyera leyeras leyera leyéramos leyerais leyeran	leyese leyeses leyese leyésemos leyeseis leyesen	leyere leyeres leyere leyéremos leyereis leyeren	x lee lea leamos leed lean
mienta mientas mienta mintamos mintáis mientan	mintiera mintieras mintiera mintiéramos mintierais mintieran	mintiese mintieses mintiese mintiésemos mintieseis mintiesen	mintiere mintieres mintiere mintiéremos mintiereis mintieren	x miente mienta mintamos mentid mientan
muera mueras muera muramos muráis mueran	muriera murieras muriera muriéramos murierais murieran	muriese murieses muriese muriésemos murieseis muriesen	muriere murieres muriere muriéremos muriereis murieren	x muere muera muramos morid mueran
nazca nazcas nazca nazcamos nazcáis nazcan	naciera nacieras naciera naciéramos nacierais nacieran	naciese nacieses naciese naciésemos nacieseis naciesen	naciere nacieres naciere naciéremos naciereis nacieren	x nace nazca nazcamos naced nazcan

<table>
<tr><th>법</th><th colspan="5">직 설 법</th></tr>
<tr><th>시제 / 동사</th><th>현재</th><th>완료과거단순형
(부정과거)</th><th>불완료과거</th><th>미래</th><th>조건</th></tr>
<tr><td>obtener
얻다

obteniendo
obtenido</td><td>obtengo
obtienes
obtiene
obtenemos
obtenéis
obtienen</td><td>obtuve
obtuviste
obtuvo
obtuvimos
obtuvisteis
obtuvieron</td><td>obtenía
obtenías
obtenía
obteníamos
obteníais
obtenían</td><td>obtendré
obtendrás
obtendrá
obtendremos
obtendréis
obtendrán</td><td>obtendría
obtendrías
obtendría
obtendríamos
obtendríais
obtendrían</td></tr>
<tr><td>oír
듣다

oyendo
oído</td><td>oigo
oyes
oye
oímos
oís
oyen</td><td>oí
oiste
oyó
oímos
oísteis
oyeron</td><td>oía
oías
oía
oíamos
oíais
oían</td><td>oiré
oirás
oirá
oiremos
oiréis
oirán</td><td>oiría
oirías
oiría
oiríamos
oiríais
oirían</td></tr>
<tr><td>pagar
지불하다

pagando
pagado</td><td>pago
pagas
paga
pagamos
pagáis
pagan</td><td>pagué
pagaste
pagó
pagamos
pagasteis
pagaron</td><td>pagaba
pagabas
pagaba
pagábamos
pagabais
pagaban</td><td>pagaré
pagarás
pagará
pagaremos
pagaréis
pagarán</td><td>pagaría
pagarías
pagaría
pagaríamos
pagaríais
pagarían</td></tr>
<tr><td>pedir
요구하다

pidiendo
pedido</td><td>pido
pides
pide
pedimos
pedís
piden</td><td>pedí
pediste
pidió
pedimos
pedisteis
pidieron</td><td>pedía
pedías
pedía
pedíamos
pedíais
pedían</td><td>pediré
pedirás
pedirá
pediremos
pediréis
pedirán</td><td>pediría
pedirías
pediría
pediríamos
pediríais
pedirían</td></tr>
<tr><td>pensar
생각하다

pensando
pensado</td><td>pienso
piensas
piensa
pensamos
pensáis
piensan</td><td>pensé
pensaste
pensó
pensamos
pensasteis
pensaron</td><td>pensaba
pensabas
pensaba
pensábamos
pensabais
pensaban</td><td>pensaré
pensarás
pensará
pensaremos
pensaréis
pensarán</td><td>pensaría
pensarías
pensaría
pensaríamos
pensaríais
pensarían</td></tr>
</table>

접 속 법				명령법
현재	불완료과거 (ra형)	불완료과거 (se형)	미래	현재
obtenga obtengas obtenga obtengamos obtengáis obtengan	obtuviera obtuvieras obtuviera obtuviéramos obtuvierais obtuvieran	obtuviese obtuvieses obtuviese obtuviésemos obtuvieseis obtuviesen	obtuviere obtuvieres obtuviere obtuviéremos obtuviereis obtuvieren	x obten obtenga obtengamos obtened obtengan
oiga oigas oiga oigamos oigáis oigan	oyera oyeras oyera oyéramos oyerais oyeran	oyese oyeses oyese oyésemos oyeseis oyesen	oyere oyeres oyere oyéremos oyereis oyeren	x oye oiga oigamos oid oigan
pague pagues pague paguemos paguéis paguen	pagara pagaras pagara pagáramos pagarais pagaran	pagase pagases pagase pagásemos pagaseis pagasen	pagare pagares pagare pagáremos pagareis pagaren	x paga pague paguemos pagad paguen
pida pidas pida pidamos pidáis pidan	pidiera pidieras pidiera pidiéramos pidierais pidieran	pidiese pidieses pidiese pidiésemos pidieseis pidiesen	pidiere pidieres pidiere pidiéremos pidiereis pidieren	x pide pida pidamos pedid pidan
piense pienses piense pensemos penséis piensen	pensara pensaras pensara pensáramos pensarais pensaran	pensase pensases pensase pensásemos pensaseis pensasen	pensare pensares pensare pensáremos pensareis pensaren	x piensa piense pensemos pensad piensen

법	직 설 법				
시제 / 동사	현재	완료과거단순형 (부정과거)	불완료과거	미래	조건
perder 잃다 perdiendo perdido	pierdo pierdes pierde perdemos perdéis pierden	perdí perdiste perdió perdimos perdisteis perdieron	perdía perdías perdía perdíamos perdíais perdían	perderé perderás perderá perderemos perderéis perderán	perdería perderías perdería perderíamos perderíais perderían
poder 할수있다 pudiendo podido	puedo puedes puede podemos podéis pueden	pude pudiste pudo pudimos pudisteis pudieron	podía podías podía podíamos podíais podían	podré podrás podrá podremos podréis podrán	podría podrías podría podríamos podríais podrían
poner 놓다 poniendo puesto	pongo pones pone ponemos ponéis ponen	puse pusiste puso pusimos pusisteis pusieron	ponía ponías ponía poníamos poníais ponían	pondré pondrás pondrá pondremos pondréis pondrán	pondría pondrías pondría pondríamos pondríais pondrían
preferir 선호하다 prefiriendo preferido	prefiero prefieres prefiere preferimos preferís prefieren	preferí preferiste prefirió preferimos preferisteis prefirieron	prefería preferías prefería preferíamos preferíais preferían	preferiré preferirás preferirá preferiremos preferiréis preferirán	preferiría preferirías preferiría preferiríamos preferiríais preferirían
producir 생산하다 produciendo producido	produzco produces produce producimos producís producen	produje produjiste produjo produjimos produjisteis produjeron	producía producías producía producíamos producíais producían	produciré producirás producirá produciremos produciréis producirán	produciría producirías produciría produciríamos produciríais producirían

접 속 법				명령법
현재	불완료과거 (ra형)	불완료과거 (se형)	미래	현재
pierda pierdas pierda perdamos perdáis pierdan	perdiera perdieras perdiera perdiéramos perdierais perdieran	perdiese perdieses perdiese perdiésemos perdieseis perdiesen	perdiere perdieres perdiere perdiéremos perdiereis perdieren	x pierde pierda perdamos perded pierdan
pueda puedas pueda podamos podáis puedan	pudiera pudieras pudiera pudiéramos pudierais pudieran	pudiese pudieses pudiese pudiésemos pudieseis pudiesen	pudiere pudieres pudiere pudiéremos pudiereis pudieren	x
ponga pongas ponga pongamos pongáis pongan	pusiera pusieras pusiera pusiéramos pusierais pusieran	pusiese pusieses pusiese pusiésemos pusieseis pusiesen	pusiere pusieres pusiere pusiéremos pusiereis pusieren	x pon ponga pongamos poned pongan
prefiera prefieras prefiera prefiramos prefiráis prefieran	prefiriera prefirieras prefiriera prefiriéramos prefirierais prefirieran	prefiriese prefirieses prefiriese prefiriésemos prefirieseis prefiriesen	prefiriere prefirieres prefiriere prefiriéremos prefiriereis prefirieren	x prefiere prefiera prefiramos preferid prefieran
produzca produzcas produzca produzcamos produzcáis produzcan	produjera produjeras produjera produjéramos produjerais produjeran	produjese produjeses produjese produjésemos produjeseis produjesen	produjere produjeres produjere produjéremos produjereis produjeren	x produce produzca produzcamos producid produzcan

법	직 설 법				
시제 / 동사	현재	완료과거단순형 (부정과거)	불완료과거	미래	조건
querer 좋아하다 queriendo querido	quiero quieres quiere queremos queréis quieren	quise quisiste quiso quisimos quisisteis quisieron	quería querías quería queríamos queríais querían	querré querrás querrá querremos querréis querrán	querría querrías querría querríamos querríais querrían
recordar 기억하다 recordando recordado	recuerdo recuerdas recuerda recordamos recordáis recuerdan	recordé recordaste recordó recordamos recordasteis recordaron	recordaba recordabas recordaba recordábamos recordabais recordaban	recordaré recordarás recordará recordaremos recordaréis recordarán	recordaría recordarías recordaría recordaríamos recordaríais recordarían
reír 웃다 riendo reído	río ríes ríe reímos reís ríen	reí reíste rio (rió) reímos reísteis rieron	reía reías reía reíamos reíais reían	reiré reirás reirá reiremos reiréis reirán	reiría reirías reiría reiríamos reiríais reirían
saber 알다 sabiendo sabido	sé sabes sabe sabemos sabéis saben	supe supiste supo supimos supisteis supieron	sabía sabías sabía sabíamos sabíais sabían	sabré sabrás sabrá sabremos sabréis sabrán	sabría sabrías sabría sabríamos sabríais sabrían
sacar 꺼내다 sacando sacado	saco sacas saca sacamos sacáis sacan	saqué sacaste sacó sacamos sacasteis sacaron	sacaba sacabas sacaba sacábamos sacabais sacaban	sacaré sacarás sacará sacaremos sacareis sacarán	sacaría sacarías sacaría sacaríamos sacaríais sacarían

접 속 법				명령법
현재	불완료과거 (ra형)	불완료과거 (se형)	미래	현재
quiera quieras quiera queramos queráis quieran	quisiera quisieras quisiera quisiéramos quisierais quisieran	quisiese quisieses quisiese quisiésemos quisieseis quisiesen	quisiere quisieres quisiere quisiéremos quisiereis quisieren	x quiere quiera queramos quered quieran
recuerde recuerdes recuerde recordemos recordéis recuerden	recordara recordaras recordara recordáramos recordarais recordaran	recordase recordases recordase recordásemos recordaseis recordasen	recordare recordares recordare recordáremos recordareis recordaren	x recuerda recuerde recordemos recordad recuerden
ría rías ría riamos riais (riáis) rían	riera rieras riera riéramos rierais rieran	riese rieses riese riésemos rieseis riesen	riere rieres riere riéremos riereis rieren	x ríe ría riamos reíd rían
sepa sepas sepa sepamos sepáis sepan	supiera supieras supiera supiéramos supierais supieran	supiese supieses supiese supiésemos supieseis supiesen	supiere supieres supiere supiéremos supiereis supieren	x sabe sepa sepamos sabed sepan
saque saques saque saquemos saquéis saquen	sacara sacaras sacara sacáramos sacarais sacaran	sacase sacases sacase sacásemos sacaseis sacasen	sacare sacares sacare sacáremos sacareis sacaren	x saca saque saquemos sacad saquen

법	직 설 법				
시제 동사	현재	완료과거단순형 (부정과거)	불완료과거	미래	조건
salir 나가다 saliendo salido	salgo sales sale salimos salís salen	salí saliste salió salimos salisteis salieron	salía salías salía salíamos salíais salían	saldré saldrás saldrá saldremos saldréis saldrán	saldría saldrías saldría saldríamos saldríais saldrían
satisfacer 만족시키다 satisfaciendo satisfecho	satisfago satisfaces satisface satisfacemos satisfacéis satisfacen	satisfice satisficiste satisfizo satisficimos satisficisteis satisficieron	satisfacía satisfacías satisfacía satisfacíamos satisfacíais satisfacían	satisfaré satisfarás satisfará satisfaremos satisfaréis satisfarán	satisfaría satisfarías satisfaría satisfaríamos satisfaríais satisfarían
seguir 따르다 siguiendo seguido	sigo sigues sigue seguimos seguís siguen	seguí seguiste siguió seguimos seguisteis siguieron	seguía seguías seguía seguíamos seguíais seguían	seguiré seguirás seguirá seguiremos seguiréis seguirán	seguiría seguirías seguiría seguiríamos seguiríais seguirían
sentar 앉히다 sentando sentado	siento sientas sienta sentamos sentáis sientan	senté sentaste sentó sentamos sentasteis sentaron	sentaba sentabas sentaba sentábamos sentabais sentaban	sentaré sentarás sentará sentaremos sentaréis sentarán	sentaría sentarías sentaría sentaríamos sentaríais sentarían
sentir 느끼다 sintiendo sentido	siento sientes siente sentimos sentís sienten	sentí sentiste sintió sentimos sentisteis sintieron	sentía sentías sentía sentíamos sentíais sentían	sentiré sentirás sentirá sentiremos sentiréis sentirán	sentiría sentirías sentiría sentiríamos sentiríais sentirían

접 속 법				명령법
현재	불완료과거 (ra형)	불완료과거 (se형)	미래	현재
salga salgas salga salgamos salgáis salgan	saliera salieras saliera saliéramos salierais salieran	saliese salieses saliese saliésemos salieseis saliesen	saliere salieres saliere saliéremos saliereis salieren	x sal salga salgamos salid salgan
satisfaga satisfagas satisfaga satisfagamos satisfagáis satisfagan	satisficiera satisficieras satisficiera satisficiéramos satisficierais satisficieran	satisficiese satisficieses satisficiese satisficiésemos satisficieseis satisficiesen	satisficiere satisficieres satisficiere satisficiéremos satisficiereis satisficieren	x satisfaz satisfaga satisfagamos satisfaced satisfagan
siga sigas siga sigamos sigáis sigan	siguiera siguieras siguiera siguiéramos siguierais siguieran	siguiese siguieses siguiese siguiésemos siguieseis siguiesen	siguiere siguieres siguiere siguiéremos siguiereis siguieren	x sigue siga sigamos seguid sigan
siente sientes siente sentemos sentéis sienten	sentara sentaras sentara sentáramos sentarais sentaran	sentase sentases sentase sentásemos sentaseis sentasen	sentare sentares sentare sentáremos sentareis sentaren	x sienta siente sentemos sentad sienten
sienta sientas sienta sintamos sintáis sientan	sintiera sintieras sintiera sintiéramos sintierais sintieran	sintiese sintieses sintiese sintiésemos sintieseis sintiesen	sintiere sintieres sintiere sintiéremos sintiereis sintieren	x siente sienta sintamos sentid sientan

법	직 설 법				
시제 / 동사	현재	완료과거단순형 (부정과거)	불완료과거	미래	조건
ser	soy	fui	era	seré	sería
~이다	eres	fuiste	eras	serás	serías
	es	fue	era	será	sería
siendo	somos	fuimos	éramos	seremos	seríamos
sido	sois	fuisteis	erais	seréis	seríais
	son	fueron	eran	serán	serían
servir	sirvo	serví	servía	serviré	serviría
봉사하다	sirves	serviste	servías	servirás	servirías
	sirve	sirvió	servía	servirá	serviría
sirviendo	servimos	servimos	servíamos	serviremos	serviríamos
servido	servís	servisteis	servíais	serviréis	serviríais
	sirven	sirvieron	servían	servirán	servirían
tener	tengo	tuve	tenía	tendré	tendría
가지다	tienes	tuviste	tenías	tendrás	tendrías
	tiene	tuvo	tenía	tendrá	tendría
teniendo	tenemos	tuvimos	teníamos	tendremos	tendríamos
tenido	tenéis	tuvisteis	teníais	tendréis	tendríais
	tienen	tuvieron	tenían	tendrán	tendrían
traer	traigo	traje	traía	traeré	traería
가져오다	traes	trajiste	traías	traerás	traerías
	trae	trajo	traía	traerá	traería
trayendo	traemos	trajimos	traíamos	traeremos	traeríamos
traído	traéis	trajisteis	traíais	traeréis	traeríais
	traen	trajeron	traían	traerán	traerían
valer	valgo	valí	valía	valdré	valdría
가치가 있다	vales	valiste	valías	valdrás	valdrías
	vale	valió	valía	valdrá	valdría
valiendo	valemos	valimos	valíamos	valdremos	valdríamos
valido	valéis	valisteis	valíais	valdréis	valdríais
	valen	valieron	valían	valdrán	valdrían

접 속 법				명령법
현재	불완료과거 (ra형)	불완료과거 (se형)	미래	현재
sea	fuera	fuese	fuere	x
seas	fueras	fueses	fueres	sé
sea	fuera	fuese	fuere	sea
seamos	fuéramos	fuésemos	fuéremos	seamos
seáis	fuerais	fueseis	fuereis	sed
sean	fueran	fuesen	fueren	sean
sirva	sirviera	sirviese	sirviere	x
sirvas	sirvieras	sirvieses	sirvieres	sirve
sirva	sirviera	sirviese	sirviere	sirva
sirvamos	sirviéramos	sirviésemos	sirviéremos	sirvamos
sirváis	sirvierais	sirvieseis	sirviereis	servid
sirvan	sirvieran	sirviesen	sirvieren	sirvan
tenga	tuviera	tuviese	tuviere	x
tengas	tuvieras	tuvieses	tuvieres	ten
tenga	tuviera	tuviese	tuviere	tenga
tengamos	tuviéramos	tuviésemos	tuviéremos	tengamos
tengáis	tuvierais	tuvieseis	tuviereis	tened
tengan	tuvieran	tuviesen	tuvieren	tengan
traiga	trajera	trajese	trajere	x
traigas	trajeras	trajeses	trajeres	trae
traiga	trajera	trajese	trajere	traiga
traigamos	trajéramos	trajésemos	trajéremos	traigamos
traigáis	trajerais	trajeseis	trajereis	traed
traigan	trajeran	trajesen	trajeren	traigan
valga	valiera	valiese	valiere	x
valgas	valieras	valieses	valieres	val
valga	valiera	valiese	valiere	valga
valgamos	valiéramos	valiésemos	valiéremos	valgamos
valgáis	valierais	valieseis	valiereis	valed
valgan	valieran	valiesen	valieren	valgan

법	직 설 법				
시제 / 동사	현재	완료과거단순형 (부정과거)	불완료과거	미래	조건
venir 오다 viniendo venido	vengo vienes viene venimos venís vienen	vine viniste vino vinimos vinisteis vinieron	venía venías venía veníamos veníais venían	vendré vendrás vendrá vendremos vendréis vendrán	vendría vendrías vendría vendríamos vendríais vendrían
ver 보다 viendo visto	veo ves ve vemos veis ven	vi viste vio vimos visteis vieron	veía veías veía veíamos veíais veían	veré verás verá veremos veréis verán	vería verías vería veríamos veríais verían
vestir 옷을 입히다 vistiendo vestido	visto vistes viste vestimos vestís visten	vestí vestiste vistió vestimos vestisteis vistieron	vestía vestías vestía vestíamos vestíais vestían	vestiré vestirás vestirá vestiremos vestiréis vestirán	vestiría vestirías vestiría vestiríamos vestiríais vestirían
volver 돌아오다 voviendo vuelto	vuelvo vuelves vuelve volvemos volvéis vuelven	volví volviste volvló volvimos volvisteis volvieron	volvía volvías volvía volvíamos volvíais volvían	volveré volverás volverá volveremos volveréis volveréis	volvería volverías volvería volveríamos volveríais volverían

접 속 법				명령법
현재	불완료과거 (ra형)	불완료과거 (se형)	미래	현재
venga vengas venga vengamos vengáis vengan	viniera vinieras viniera viniéramos vinierais vinieran	viniese vinieses viniese viniésemos vinieseis viniesen	viniere vinieres viniere viniéremos viniereis vinieren	x ven venga vengamos venid vengan
vea veas vea veamos veáis vean	viera vieras viera viéramos vierais vieran	viese vieses viese viésemos vieseis viesen	viere vieres viere viéremos viereis vieren	x ve vea veamos ved vean
vista vistas vista vistamos vistáis vistan	vistiera vistieras vistiera vistiéramos vistierais vistieran	vistiese vistieses vistiese vistiésemos vistieseis vistiesen	vistiere vistieres vistiere vistiéremos vistiereis vistieren	x viste vista vistamos vestid vistan
vuelva vuelvas vuelva volvamos volváis vuelvan	volviera volvieras volviera volviéramos volvierais volvieran	volviese volvieses volviese volviésemos volvieseis volviesen	volviere volvieres volviere volviéremos volviereis volvieren	x vuelve vuelva volvamos volved vuelvan

임효상

한국외국어대학교 스페인어과 졸업
한국외국어대학교 통역대학원 스페인어과 졸업
스페인 마드리드 국립대학교 스페인어학 박사
현 경희대학교 외국어대학 스페인어과 교수

양승관

한국외국어대학교 스페인어과 졸업
한국외국어대학교 일반대학원 스페인어과 졸업
스페인 마드리드 국립대학교 스페인어학 박사
현 선문대학교 스페인어 중남미학과 학술연구교수

개정 즐기면서 배우는 스페인어

저 자 임효상 · 양승관
발행인 정현걸
발 행 신아사
인 쇄 남양인쇄

2001년 8월 25일 초판
2008년 2월 25일 2판 1쇄

도서출판
신아사 서울특별시 은평구 녹번동 28-36
122-826
전화 (02) 382-6411
팩스 (02) 382-6401
홈페이지 www.shinasa.co.kr
E-mail shinasa@chol.com
등록 1956년 1월 5일 제 9-52호

ISBN: 978-89-8396-599-8

정가 13,000 원